樺太／サハリン

梯久美子

Кумико Какэхаси

サガレン

Saghalien

角川書店

境界を旅する

Kumiko Kakehashi

さまざまな名で呼ばれ、
何度も国境線が変わり、
いまも帰属の定まらない島。
同じ土の上に流された異なる民族の血が
歴史の地層をなす場所。
それでも、まばゆく光る雲の下、
境界をこえて、汽車は走る。

宮沢賢治も訪れたスタロドゥプスコエ（栄浜）の海岸

妹の死に打ちのめされた賢治は、
花巻駅から汽車に乗り、
二つの海峡をわたって
彼がサガレンと呼ぶ地にたどり着いた。

西海岸のホルムスク（真岡）に残る王子製紙の工場

宗谷海峡をはさんで稚内と向かい合うコルサコフ（大泊）港

北の果ての海と空に
賢治は妹の存在を感じとる。
〈それらの二つの青いいろは
どちらもとし子のもってゐた特性だ〉
（「オホーツク挽歌」）

『銀河鉄道の夜』の「白鳥の停車場」のモデルになったとの説がある白鳥湖

賢治も乗ったユジノサハリンスク（豊原）―ドーリンスク（落合）間の線路

かつての国境である
北緯五〇度線の北側で遭遇した
日ソそれぞれの遺構は
朽ちていく途上にあった。

1920年代、
ソ連領だったノグリキ郊外に
日本が建設した石油タンク

1930年代、ノグリキ—オハ間に
ソ連が敷設した軽便鉄道の橋

サガレン

樺太／サハリン
境界を旅する

目次

第一部　寝台急行、北へ

第二部　「賢治の樺太」をゆく

装丁　大原由衣
地図　本島一宏
写真　梯　久美子
イラスト　柳　智之

第一部

寝台急行、北へ

サハリン／樺太

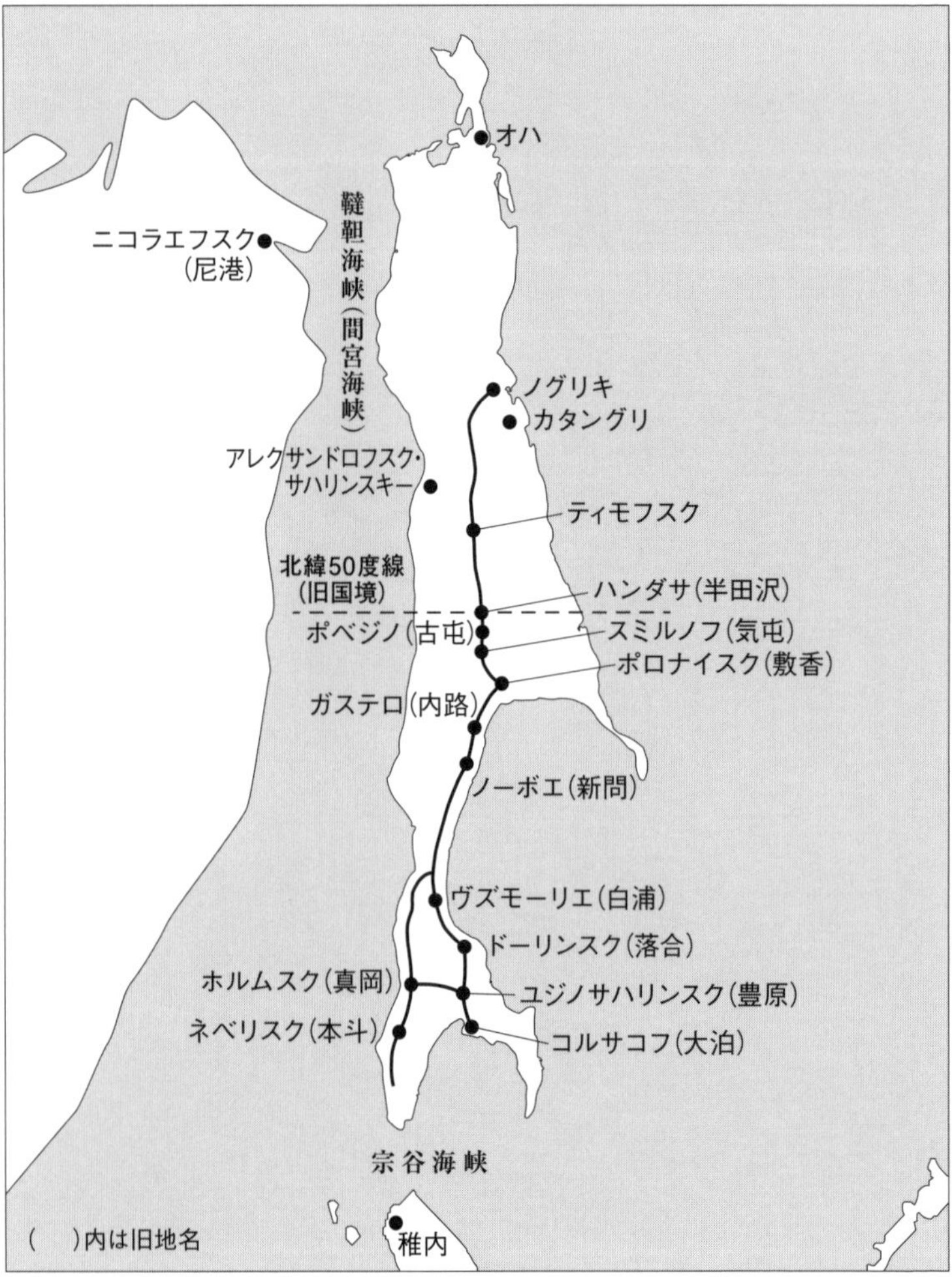

オハ
ニコラエフスク
（尼港）
韃靼海峡（間宮海峡）
ノグリキ
カタングリ
アレクサンドロフスク・
サハリンスキー
ティモフスク
北緯50度線
（旧国境）
ハンダサ（半田沢）
ポベジノ（古屯）
スミルノフ（気屯）
ポロナイスク（敷香）
ガステロ（内路）
ノーボエ（新問）
ヴズモーリエ（白浦）
ドーリンスク（落合）
ホルムスク（真岡）
ユジノサハリンスク（豊原）
ネベリスク（本斗）
コルサコフ（大泊）
宗谷海峡
稚内
（　）内は旧地名

一　歴史の地層の上を走る

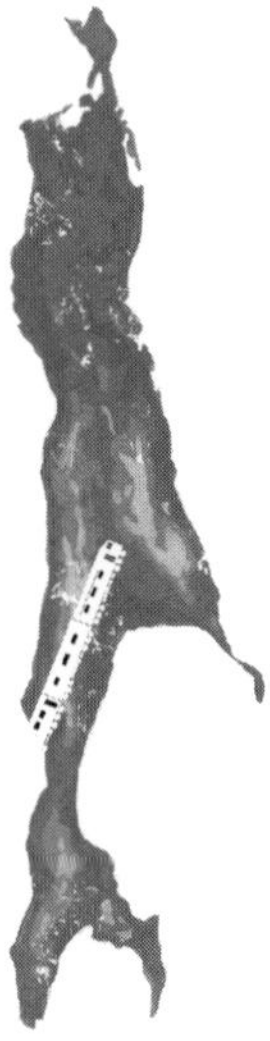

鉄道旅のはじまり

列車は静かに走り出した。発車アナウンスもなければベルも鳴らない。腕時計を見ると、午後十時四十二分。夜行寝台の旅に備えて五千円で新調した、竜頭を押すと文字盤が光るタイメックスの秒針は、十五秒を過ぎたあたりを進んでいる。ロシアの鉄道は時間に正確だと聞いていたのは本当で、定刻ぴったりの発車だった。

日本の寝台車は動き出すときに軽くガックンとなるが、それもない。走行音も静かで、とりあえずほっとした。これから約十二時間、この車内で過ごすのだ。サハリン最大の都市ユジノサハリンスクを出発し、島を南北につらぬく東部本線を北上して、終着駅ノグリキに至る六一三キロの旅の始まりである。

コンパートメントの引き戸を開けて通路に出る。上下二段、四つの寝台がコンパクトに収まったコンパートメントは窓が小さめなので、通路の大きな窓から外を眺めようと思ったのだ。進行方向（北）に向かって、コンパートメントは左手、通路は右手にある。つまり通路の窓は東を向いていることになる。

ユジノサハリンスク駅が後方に遠ざかっていく。

窓の外は漆黒の闇《やみ》。昨夜積もった雪の白さが、刷毛《はけ》で引いたような太い線になって、ときどき横切るだけだ。まだ一一月の中旬だが、前日の夕方から雪が降り、郊外ではそれがところどころ融《と》け残っている。

中途半端な雪景色（北上するにつれて完全なものになっていくのだが）をしばらく見たあと、コンパートメントに戻った。車両は新しく、車内は清潔。向かい合った二段ベッドの間に窓、その下に小さなテーブルがある。カーテンは、カフェカーテンのようにギャザーを寄せた薄い生地のものと、遮光性のある赤いカーテンの二重がけ。小テーブルにも赤いクロスがかかっていて、なかなか洒落《しやれ》ている。

同行したKADOKAWAの柘植《つげ》青年は、乗車してコンパートメントに足を踏み入れるなり、「お、これはイイですね！　気分、あがりますね！」と嬉《うれ》しそうに声をあげた。決して豪華ではないが、日本の寝台特急とは違うクラシックな雰囲気で、たしかにいい感じだ。

私たちが乗ったこの列車は、サハリンで唯一の寝台急行・サハリン号である。

……と、ここまで書いたところで、東京の仕事場でパソコンに向かっている私は、念のため

ユジノサハリンスク市街

乗車チケットのコピーを取り出してチェックする。サハリン号で正しかったよね？　と。ふだん評伝や歴史にかかわるノンフィクションを書いているので、固有名詞と数字については、間違いのないよういちいち確認する癖がついているのだ。それでなくても鉄道ファンには細部にこだわる人が多いので、突っ込まれないよう万全を期さなくてはならない。

　チケットのコピーを見て、あれ？　と思った。ロシア語と英語が併記されているが、どこにも「サハリン号」の文字はない（日本であれば「サンライズ出雲《いずも》」でも、いまはなき「北斗星《ほくとせい》」でも、チケットにちゃんと名称が記されている）。乗車駅と出発時間、降車駅と到着時間、それに号車と座席の指定があるだけだ。

　サハリンのガイドブックやサハリン鉄道関連の資料をひっくり返して確認してみたところ、そのどれにも、ユジノサハリンスク―ノグリキ間を走る寝台急行のことを（「優等列車」「華麗にデビューした」等の形容詞つきで）「サハリン号」と書いてある。しかし、チケットはもとより旅行代理店からもらった日程表にも「サハリン号」の文字はなく、日程表には単に「No.1列車」（復路は「No.604列車」）とあるだけだ。

そうか、これは正式名称ではなく愛称なのだ、だからチケットには書かれていないのだ、と一応納得する。だがその場合も、私が乗ったあの列車が、ほかでもない「サハリン号（愛称）」であるという確証が必要だろう。もしかしたら読者の中に、うるさ型の鉄道ファンがいるかもしれない。

さきの大戦が終わってからこっち、最初にサハリン鉄道の紀行文を書いたのは、かの宮脇俊三《みやわきしゆんぞう》氏である。鉄道への造詣《ぞうけい》と愛情の深さで知られる紀行作家の宮脇氏は、ソ連時代の一九九〇年にサハリンで鉄道旅をしている。ペレストロイカによる対外政策の転換でサハリンへの一般人の旅が可能になった最初期の鉄道ツアーで、その体験記が同年の『別冊 文藝春秋』秋号に「樺太鉄道紀行」として掲載された。

その旅で宮脇氏は、私たちが乗ったのと同じ東部本線を、同じくユジノサハリンスクから寝台急行で北上している（ノグリキの手前のティモフスクまで）。だがその寝台急行を「サハリン号」と呼んでいる箇所は紀行文の中にひとつもない。宮脇氏は鉄道ファンにとって（もちろん私にとっても）神様であり、「宮脇さんの紀行文にも、サハリン号なんて呼び名は出てこないじゃないか」と突っ込む人がいないとも限らない。

そうだ、もしかすると、車体に「サハリン号」と書かれているかもしれない——そう思って、発車前にユジノサハリンスク駅で撮った写真をパソコン画面に呼び出してみた。しかし、ホームで撮った写真はわずか二枚。しかも日本の駅のように照明が明るくないので、微妙にボケており、車体の細部はわからない。

「カメラは隠してください」

今回のサハリンの旅は、この列車に乗るのが第一の目的で、四泊の短い旅のうち二泊が車中泊である。なのになぜ、一番大事な駅と車両の写真がたった二枚しかないのか。

これにはもちろん理由がある。ロシアの鉄道では、駅のホームであまり写真を撮らない方がいいと、世界中あちこちに旅行している知人に聞かされていたのだ。たしかに駅は国防上重要な施設だし、特にサハリンは国境の島である。見とがめられてスパイの疑いをかけられる……なんてことはまさかないと思ったが、出発前、旅行代理店の担当者に一応きいてみた。ロシアが専門で、サハリン鉄道およびシベリア鉄道の個人旅行を得意とするA氏は言った。

「えーと、そうですね、まあ、撮ってもいいでしょう。せっかく行くんですから。でも、駅員や車掌に見つからないようにしてください。こっちを見てるな、と思ったら、撮るのをやめて、カメラをコートの中に隠してください」

え、やっぱりまずいの？　カメラ、隠すの？

「一応、隠した方が無難ですね。……私のところのお客さんは、鉄道関連の職場のグループの方がけっこう多いんです。サハリンの鉄道は、樺太時代に日本が敷設したものが基礎になっていて、歴史的にも貴重ですから」

そう、サハリンの鉄道は、日本からマニアが乗りに来る……というか、基本、マニアしか来ない。シベリア鉄道ならロマンを求めて乗る人がいるが、サハリン鉄道にロマンは（ほぼ）ない。

「そういう方たちはプロですから、車輪とか、連結部とか、そういう細かいところを写真に撮りたがる。そうするとやっぱり、怪しまれがちなんですよ。まあ、重大な事態になったことはありませんが」

あなたたちならたぶん怪しまれないでしょう、とは言われたものの、やはりびびってしまい、結局、ホームでは二回しかシャッターを押すことができなかった。ちなみにサハリンの鉄道はホームが低く、車輪や連結部の全容が見えるので、写真を撮りたくなる気持ちはよくわかる。

いま思い出したのだが、ユジノサハリンスクでガイドをつとめてくれたエレーナさんに、寝台急行に乗るときの注意点はあるかときいたら、「ビール、飲まないでください」と言われた。ビール以外のお酒なら飲んでいいのか、と一瞬思ったが、おそらくお酒一般の代表としてビールと言ったのだろうと解釈した。ちなみにサハリン号（愛称・仮）に食堂車や売店はない。

そうか、お酒、飲んじゃいけないのか。私と柘植青年は神妙に頷《うなず》いた。するとそれを見たエレーナさんは、ちょっと考えてから言い直した。

「あ、やっぱりいいです。飲んでいいです。でも、車掌さんが来たら隠してください」

大丈夫だけど、隠す。どうやらそれがサハリンにおける鉄道旅のポイントであるらしい。

これには続きがあって、エレーナさんはそのあとさらにしばし考え、「あ、やっぱりいいです。隠さなくていいです」とまた言い直した。

「そのかわり、歌わないでください。歌わなければ……ええ、歌わなければ大丈夫です」

私と柘植青年は思った。そうか、こっちの人は列車に乗ると、ビールを飲んで歌ってしまいがちなのか。「世界の車窓から」とか「関口知宏《せきぐちともひろ》の鉄道大紀行」にそんな場面があったような気がして、楽しみなような怖いような気持ちになった。

だが結論から言うと、車内では、視認できる限りでは誰もお酒を飲んでいなかったし、耳をすましても歌声は聞こえなかった。乗客のロシア人はみなマナーがよく、発車すると各車両に備えつけられているサモワール（給湯器）でお湯を入れてカップラーメンを食べ、スマホを眺めて、自分の寝台に戻って早々に寝てしまった。

寝台特急「エルム」の教訓

列車の名称に話を戻そう。パソコンに保存しておいた写真には、翌朝、ノグリキ駅に着いたときにホームで撮ったものもあった。この駅はユジノサハリンスクにくらべてずっと田舎だし、降車して乗客がみんな駅舎に入ってしまうとホームには駅員もいなくなったので、安心していくらでも撮ることができたのだ。だが、列車の車体に、サハリン号の文字はなかった。ヘッドマークもない。やはり確証は得られないままだった。

改めて資料の山をひっくり返したところ、A氏から借りたガイドブックに、瞠目《どうもく》すべき記述を見つけた。JTBパブリッシングの「ワールドガイド」シリーズの中の一冊、『サハリン・カムチャツカ』である。

日本で発行されているガイドブックでサハリンを扱っているものは、「地球の歩き方」シリーズの『シベリア&シベリア鉄道とサハリン』とこの本だけ。「地球の歩き方」のほうはシベリアがメインであり、サハリンの記述はごく少ない。だが、この「ワールドガイド」シリーズの『サハリン・カムチャツカ』は、そのほとんどがサハリンについての記述で、鉄道についてもくわしい。

それもそのはず、著者の徳田《とくだ》耕一《こういち》氏は多くの鉄道関連の著作がある人で、先に触れた宮脇俊三氏の「樺太鉄道紀行」にも登場する。一九九〇年のツアーに、宮脇氏とともに参加しているのだ。

廃線跡をたどる面白さを世に知らしめた宮脇氏の『鉄道廃線跡を歩く』シリーズの特別企画では、サハリンの廃線探訪を敢行し、日本時代の未成線（未完成に終わった鉄道路線）の痕跡《こんせき》を発見している。とんでもない労力と時間をかけたことが一読してわかるディープな探訪記である。

その徳田氏が書いた「ワールドガイド」シリーズの瞠目すべき記述とは、ユジノサハリンスク—ノグリキ間の寝台急行の説明部分だ。そこには「（客室の）カーテンには青のキリル文字で「サハリン号」のロゴが染め抜かれている」と書かれている。

そうか、カーテンか！　もし私の乗った列車のカーテンにもロゴがあれば、あれはまぎれもなくサハリン号だったと断定できる。そこでコンパートメントの内部を写した写真を見てみたが、カフェ風の薄手のカーテンも赤い遮光カーテンも無地で、ロゴはなかった。

……というわけで、私の乗った列車がサハリン号であったという証拠はいまだに見つかっていない。「ワールドガイド」シリーズの『サハリン・カムチャツカ』は二〇〇七年の刊行（絶版、改版はなし）であり、徳田氏が乗った列車がサハリン号だったからといって、十年後に私たちが乗った列車もそうだとは限らないし、この路線を走る寝台急行をすべてサハリン号と呼んでいいのかもわからない。なぜここまで列車の名称にこだわるのかといぶかしむ向きもあるかもしれないが、実は私には苦い経験があるのだ。

それは一九九四年の夏休みに、札幌《さっぽろ》の実家へ帰ったときのことである。往路は羽田《はねだ》から飛行機に乗ったが、復路は鉄道を選んだ。その六年前の一九八八年から札幌―上野《うえの》間で運行を開始した寝台特急「北斗星」に乗ったのだ。

私が買った切符は一番安いB寝台（二段ベッド）だったが、あの「北斗星」に乗れると思うとうきうきした。だが車内に足を踏み入れると、高校の修学旅行で乗ったB寝台と変わらない、国鉄っぽい無骨な仕様である。「北斗星」には食堂車やラウンジカーが連結されていると聞いていたが、その案内アナウンスもない。一応、前後の車両を見てみたが、B寝台の二段ベッドが並んでいるだけだった。

以来、心にひっかかっていた。私が乗ったあの列車は本当に「北斗星」だったのか？　北斗星に乗ったことのある何人かの知人にきいてみたが、みな、一九九九年に「カシオペア」が登場するまで、札幌—上野間を走る寝台特急は「北斗星」の他になかったはずだと言う。

疑問が氷解したのはつい先年のことである。仕事でJRの関係者と知り合った。長年の疑問をぶつけるとその人は言った。「ああ、多分それは『エルム』ですね」。一九八九年から二〇〇六年までの間、年末年始やお盆の繁忙期だけ、「エルム」という名の臨時列車が走っていたというのだ。「北斗星」と同じルートを走る寝台特急だが、全車両がB寝台で食堂車もラウンジカーもない編成だったという。

「北斗星」だと思い込んでいたあの列車は、「エルム」だったのだ。私が正確な列車名にこだわる理由がおわかりいただけたかと思う。

というわけで、本稿でサハリン号という名称を使うわけにはいかず、かといって「サハリン鉄道東部本線のユジノサハリンスク—ノグリキ間を走る寝台急行」だとあまりに長いので、以後、この列車のことは単に「寝台急行」と呼ぶことにする。

サハリン／樺太の歴史

ここでごく簡単に、サハリン／樺太の歴史をおさらいしておこう。

宗谷《そうや》海峡をへだてて北海道の北側に位置するサハリンは、面積が約七万六四〇〇平方キロ。

北海道とほぼ同じ大きさで、南北に細長い形をしている。東にオホーツク海、西に日本海があり、ロシアと日本、さらには中国、韓国に囲まれた位置にある。

もともと、アイヌ、ニブフ、ウィルタなどの人々が暮らしていたこの島は、近代になると、東進するロシアと北上する日本がせめぎあう土地となる。

一八五四（安政元《あんせい》）年に日本とロシアの間で日露《にちろ》和親条約（下田条約《しもだ》）が結ばれたとき、すでに日本人はこの島の南部を漁場としていた。一方、大陸を流れるアムール川をシベリアと太《たい》平洋《へいよう》の間の補給路として重視していたロシアは、その河口の目と鼻の先にあるこの島（大陸とサハリンをへだてる海峡の最峡部は七キロしかない）に価値を見出《みいだ》し、進出しつつあった。こうした状況の中、両国はこの条約でサハリンの帰属を決めず、日露の雑居状態が続くことになる。帰属がはっきりしたのは、二十一年後の一八七五（明治八）年である。この年、日露両国は、サハリン全島をロシアが、千島《ちしま》列島を日本が領有するとさだめた樺太千島交換条約（サンクトペテルブルク条約）を締結した。

この状態はそれから三十年にわたって続く。変化を起こしたのは日露戦争での日本の勝利である。一九〇五（明治三十八）年に結ばれた日露戦争の講和条約（ポーツマス条約）によって、日本は島の南半分（北緯五〇度線以南）を得る。これによって日本とロシアは陸続きで国境を接することになった。サハリン南部は「樺太」として日本の施政下に置かれ、一九〇七（明治四十）年には樺太庁が設置される。

次の変化は一九四五（昭和二十）年、太平洋戦争終結直前に訪れた。八月八日、ソ連軍が日ソ中立条約を破って日本に宣戦布告。樺太では一一日に国境線をこえてソ連軍が侵攻し、全島を占領したのである。

敗戦国となった日本は、一九五一（昭和二十六）年のサンフランシスコ講和条約で樺太・千島の領有権を放棄したが、この条約にソ連は参加しなかった。その後、一九五六（昭和三十一）年の日ソ共同宣言によって戦争状態は終結したが、北方領土問題などもあり、現在まで平和条約は結ばれていない。そのため、国際法上は、この島の帰属はまだ確定していないのだ。

日本の高校で使われている地図帳では、この地域に国境線が二本引かれている。一本は宗谷海峡、もう一本はサハリン島を横切る北緯五〇度線である。北緯五〇度線以南の土地は白地（どの国にも帰属していないことをあらわす）になっている。

実際には日本からサハリンに渡るにはビザが必要（一定の条件下でビザなし渡航が許可される場合もあるが）だし、何よりユジノサハリンスクに日本は総領事館を置いている。そうした現状を見ると、少なくともロシアがサハリン全島を施政下に置いていることをわが国は認めていると思われる。なかなか微妙な地域なのである。

何度も国境線が引き直された境界の島であるサハリンには、複雑な歴史が地層のように積み重なっている。樺太時代に日本が整備したインフラ（鉄道もそのひとつだ）がさまざまな形で残っているし、ロシアがこの島を流刑地にしていた時代の面影も見ることができる。戦跡についても、日露戦争と第二次大戦の両方がある。そして、二つの帝国によって父祖の土地を奪われた先住民族の歴史も、そこかしこに痕跡をとどめているのである。

サハリンの寝台車事情

われらが寝台急行は快調に進んだ。ユジノサハリンスク—ノグリキには中間駅が三十二あるが、この列車が停まるのはそのうち六駅のみである。

サハリンの東岸、つまりオホーツク海に面している側を南北につらぬいているのが、寝台急行の走るサハリン鉄道東部本線である。ユジノサハリンスク—ノグリキ間が六一三キロと最初のほうで書いたが、東部本線の起点はユジノサハリンスクより南にある港町コルサコフで、そこからノグリキまでの全長は六五四キロになる。

窓の外の景色は、北海道と同じエゾマツやトドマツの林から、タイガ（亜寒帯針葉樹林）に変わり、終点のノグリキに近づくにつれて、樹木は減り、ツンドラ（凍原）になっていく——はずなのだが、夜なので何も見えない。周囲が見えるようになるのは、終点のひとつ前の停車駅、ティモフスク（午前八時一分着）あたりだろうか。

この日の昼間は、ユジノサハリンスクと西海岸の町ホルムスクを車で往復したのでいささか疲れていた。ホルムスクは樺太時代の真岡《まおか》である。一九四五年八月二〇日にソ連軍が上陸、港を見下ろす熊笹峠《くまざさとうげ》で日本軍と烈《はげ》しい戦闘があったほか、民間人も巻き込まれて多くの悲劇があった。土地に刻まれた歴史の重さと、海から吹きつける風にさらされた段丘の町の寒さのせいで、私も柘植青年もぐったりしていた。時刻も十一時近いので、寝床の準備をすることにした。

コンパートメントは四人部屋で、二段ベッドが向きあう形になっている。この日はすいていて、ほかの乗客は乗ってこなかったので二人部屋として使うことができた。チケットの座席指定を見ると、二人とも下段のベッドになっていたが、私が最初にチェックしたのは上段の構造である。もし上段のベッドで寝ることになったときのために、私はあるものを用意していたのだ。

出発前に熟読した宮脇俊三氏の「樺太鉄道紀行」に気になる記述があった。寝台急行の上段のベッドには転落防止の柵《さく》もベルトもなく、寝ている間にころげ落ちそうで非常に危険だったというのである。ソ連の寝台車事情を知っていた宮脇氏および同行した編集者は、稚内《わっかない》でロープを買って車内に持ち込んでおり、編集者が壁のでっぱりなどを利用して器用にそれを張りめぐらせ、柵の代わりにしたという。

まさか現在の寝台急行がソ連時代と同じはずがないとは思ったが、出発前に念のため、旅行代理店のA氏にきいてみた。すると彼はあっさりと「あ、たしかにそうですね。ロープ、持って行った方がいいですよ」と言ったのだ。そこで私は、東京でしっかりしたナイロンロープを一巻き買い、着替えや洗面道具を入れたダッフルバッグに忍ばせてきていた。

心配なのは宮脇氏の担当編集者のようにうまくロープを張れるかどうかである。わが柘植青年はとても器用には見えず、ここは自分でやるしかない。出発前の心配のひとつがそれだった。

だが実際には、上段のベッドにはちゃんと転落防止用の柵があった。病院のベッドなどに、蒲団《ふとん》がずり落ちないよう幅一メートルくらいの柵がついているが、あんな感じである。

さすがにソ連時代からは進歩していることがわかったが、ではA氏の発言は何だったのか。もしかしたら氏もソ連時代にこの寝台急行に乗っていて、その記憶が根強く残っていたのだろうか。

A氏は謎の多い人物である。年齢はたぶん五〇歳前後、風貌《ふうぼう》はオタク風で、もちろんロシア語ができるのだが、どこで習ったのかときいたら、ほぼ錦糸町《きんしちょう》のロシアンパブのお姉さんからだという。まさかと思っていろいろ突っ込んで質問してみたが、インタビュアー歴三十年の私の経験からして、あながち冗談とも思えなかった（ユジノサハリンスクでおいしいレストランはありませんかときいたら、ユジノでは基本的にキャバクラしか行かないのでレストランのことはわかりませんと真面目な顔で言っていた）。

だがサハリンに関してはマニアックに詳しく、資料もたくさん持っている。打ち合わせに行ったとき、本棚に歴史の資料やロシア語の本と並んで、児童文学作家の神沢利子《かんざわとしこ》さんの『流れのほとり』があるのを見つけたときはちょっと感動した。『くまの子ウーフ』や『いたずらラッコのロッコ』などで知られる神沢さんは樺太で幼少時代を送っており、『流れのほとり』は当時のことを書いた美しい物語である。私がサハリンに行きたいと思ったきっかけのひとつがこの本だった。ああ見えてロシアンパブとキャバクラだけの人ではないのだと、ひそかに安心した瞬間だった。

私が地図マニアだというと、昭和十三年発行の豊原《とよはら》市（現在のユジノサハリンスク）の大型地図を出してきてくれたのもありがたかった。「大日本職業別明細圖《ず》」と書かれていて、企業や銀行、商店、料理屋、ホテルなどがびっしりと描き込まれている。幅が一メートル近くある大きな地図だが、わざわざA3サイズ八枚に分割してコピーしてくれた。出発前夜にそれを貼り合わせ、一枚にして持っていったのだが、これがあったおかげで、樺太時代の様子をイメージしながら街歩きができて実に助かった。かつての神社や学校、刑務所、墓地などの場所がわかるのも貴重である。

歴史のかけらを探す旅

この地図には、ユジノサハリンスク駅の西側にSLの転車台とおぼしきものが描き込まれている。転車台とは、機関車が方向を変えるための円形の装置である。

宮脇氏の紀行文には、この転車台がまだあったという記述があった。果たしていまはどうなっているのか。撤去するのに費用がかかるためか、転車台は日本国内でも撤去されずに残っていることがある。ユジノサハリンスクの繁華街は駅の東側で、西側はガランとしているので、もしかすると残っている可能性もある。この原稿のために地図を取り出して眺めていたら、確認してこなかったことが残念に思えてきた。もしもまだあるとすれば、それは日本の近現代史の貴重な遺構だ。

すでにおわかりかと思うが、私は鉄道ファンである。列車に乗って旅することをこよなく愛しているが、一方で、〝歩く鉄道旅〟も趣味としている。ほかならぬ宮脇氏によって広まった廃線探索である。

廃止になった鉄道路線をたどり、遺構を探す。レールは撤去されても枕木やバラストが残っていることがあるし、舗装道路に姿を変えていても、その道路が築堤や切通しを通っていれば、線路があったことが類推できたりする。橋やトンネルは高い確率で残っているし、半ば土に埋もれたホームを発見することもある。

廃線跡を訪ねるときは、なるべく地元の図書館に行くことにしている。郷土史関係の資料に必ず鉄道のことが出てくるからだ。そうやって、さまざまな土地で鉄道と歴史の関係を調べるうちに、台湾《たいわん》やサハリンに、かつて日本が敷設した鉄道が残っていることを知った。

現在も引き継がれて使われている路線もあれば、廃線となった路線もある。国内で六十数か所の廃線を巡ったあと、今度はそうした〝外地〟の鉄道を訪ねる旅をしたいと思うようになった。現存している路線があれば乗り、廃線となった路線はその跡を歩いて、それぞれの土地がたどった運命の、目に見えるかけらを探す旅をしてみたいと考えたのだ。

そんなときに、柘植青年から電話がかかってきた。当時の柘植青年は私の担当編集者というわけではなく、彼が担当した作品の書評を一度書いたことがあるという縁しかなかった。電話の用件は、『小説 野性時代』でノンフィクションの特集をするので、若手のいいライターがいたら紹介してほしい、というものだった。期待している二〇代の女性の書き手を推薦し、そのあと少し雑談をした。

「梯《かけはし》さんは最近、取材したいテーマはないんですか?」と柘植青年。私はダメもとで、台湾かサハリンで鉄道旅をしてみたいという話をした。

「おっ、台湾！　いいですねー」と柘植青年。少し前に初めて台湾に行き、すっかり好きになったのだという。

電話の最後に「その企画、出してみます」と言っていたが、期待はしていなかった。それが数日後、「あの話、通りました！　『本の旅人』で連載しませんか」と連絡があったのだ。

数日後、柘植青年とその上司、それに『本の旅人』の編集長とで打ち合わせをした。柘植青年と会ったのはそのときが初めてである。

「台湾とサハリン、どちらにしますか」と編集長に訊《き》かれた私は、サハリンと答えた。台湾に行きたくて、がんばって企画を通してくれたのかもしれない柘植青年には申し訳なかったが、北海道で育ち、樺太からの引き揚げの話を聞く機会があった私としては、まずはサハリンに行ってみたかった。九〇年代初めまで立ち入ることができなかったため情報が少なく、どんなところなのか行ってみないとわからない点にもひかれていた。

そのとき決まった計画はこうだ。取材は冬と夏の二回。初回は寝台急行に乗って島を縦断し、北部のノグリキまで行く。二回目は、一九二三（大正十二）年に樺太を旅した宮沢賢治《みやざわけんじ》の行程をたどる。賢治が鉄道ファンだったことはよく知られていて、樺太での鉄道旅は、『銀河鉄道の夜』のモチーフになったと言われているのだが、その話は本書の第二部ですることになる。

樺太時代に日本が敷設した鉄道は約七六〇キロ。これは一般鉄道のみの数字で、ほかに軽便鉄道（線路の幅が狭い小規模な鉄道）もあった。その中にはいまも使われている路線と、廃線になった路線がある。

寝台急行が走る東部本線のうち、北緯五〇度線以南の鉄道を敷いたのは日本で、樺太庁が敷設した部分もあれば、製紙会社が敷いた私鉄だった部分もある。五〇度線をはさんだ両側は、第二次大戦の末期に日本とソ連がそれぞれ突貫工事で建設した軍用線、それより北は戦後にソ連が敷設した部分である。まさに歴史の地層の上を走る路線なのだ。それにうまくいけば、ノグリキからさらに北に延びていたオハ鉄道の廃線跡にも行けるかもしれない。

はやる心を抑えて、二〇一七年一一月、私はサハリンで車上の人となった。鉄道にも廃線にもほぼ興味のない柘植青年を従えて。

二　林芙美子の樺太

ガムテープでカーテン作り

サハリン鉄道の寝台急行は三つのクラスに分かれている。一等は二人部屋のコンパートメント（一段式寝台が二つ）、二等は四人部屋のコンパートメント（二段式寝台が二つ）、三等は通路との仕切りがない二段式の開放寝台である。

私たちが乗った二等は、二段ベッドの上段と下段では料金が違っていて、下段のほうが高い。旅行代理店で打ち合わせをしたときは上下どちらになるかわからないということだったが、乗ってみたら柘植青年も私も下段だった。

チケットには上段か下段かの表記はなく、あとで調べたら、奇数番号が下段、偶数番号が上段とわかった。

乗る前は、どちらかといえば上段がいいと思っていた。そのほうがプライバシーが守れそうな気がしたのだ。

だが実際には、上段だと上ったり下りたりがけっこう大変そう（ガチャンと引き出すタイプの金属製の梯子《はしご》はステップが二段しかなく、脚の短い人には不向き）だし、天井が近くて圧迫感がある。それに、なんといっても上段からは窓外の景色がほとんど見えない。それを考えると断然下段のほうがいいのだが、やはり気になるのはプライバシー面である。

日本のB寝台のベッドはそれぞれにカーテンがついているが、この列車にはない。これは予想外というか、盲点だった。

列車は比較的すいていて、コンパートメントは私たち二人だけだったが、柘植青年は担当編集者とはいえ一応異性である。寝姿をさらすのはちょっとなあ……と思ったとき、車内に持ち込んだダッフルバッグにガムテープが入っていることを思い出した。

最近の若者はどうかわからないが、かつては海外旅行にガムテープは必需品とされていた。かぎ裂きを作ってしまった上衣《うわぎ》を裏から補修する、お土産を詰め込みすぎて鍵《かぎ》が壊れたスーツケースをぐるぐる巻きにする（いまはそんなことをしたら飛行機に預けられないが）などさまざまに使え、荷物に貼って上からマジッ

寝台急行のコンパートメント（二等、四人客室）

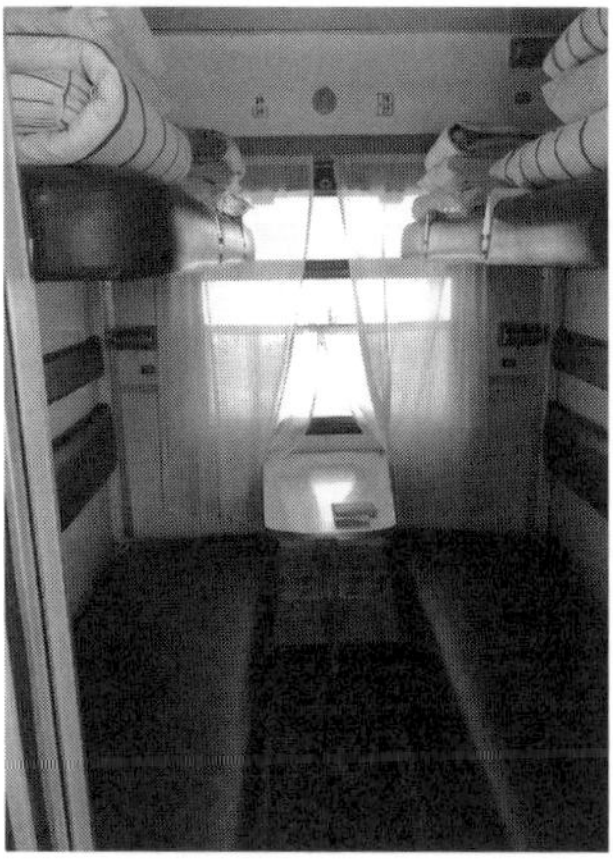

クで文字を書けばタグの代わりにもなる。

安宿で網戸の破れ目に貼って虫の侵入を防ぐのに役立ったこともあるし、このへんにはマムシが出ることがあると案内の人に言われ、はいていたパンツの裾《すそ》ごと、足首にゲートルのように巻いて、噛《か》まれないよう予防したこともある。若いころのような貧乏旅行や、ちょっとだけ無謀な取材旅行をしなくなってからも、海外旅行にはガムテープを持っていく、という習慣は続いていた。

今回も例外ではなかった。荷物を軽くするため、新品ではなく、三分の一くらいまで減った使いかけをバッグに入れてきたのだが、あれが役立つときが来たのである。

私は防寒のために持ってきていたウールの薄手のストールを、上段との仕切りの枠にガムテープで留めていった。大判のストールはサイズもちょうどよく、日本のB寝台のカーテンのようになった。向かいのベッドの柘植青年も感心している。

これならプライバシーも守れるし、着替えもできると安心したところで、北緯五〇度線を越えるのは何時ごろになるのかを調べることにした。かつての国境を越えるまで寝ないで起きていようと思ったのだ。

時刻表を解読する

まずは旅行代理店が作成した日程表にはさんであった時刻表を見る。サハリン鉄道のホームページをプリントアウトしたもので、駅名はすべてロシア語で書かれている。出発駅のユジノサハリンスク（Южно-Сахалинск）は察しがつくが、それ以外の駅名はまったく読めない。

次に出発前に図書館でコピーしてきた現在のサハリン鉄道の路線図（ロシア語の駅名がカタカナで表記してある）、および樺太《からふと》時代の鉄道路線図（日本語の駅名が記されている）を取り出す。この三つを照らし合わせるとようやく、時刻表にあるロシア語の駅名の読み方と、そこが樺太時代に何と呼ばれていたかがわかる。

現在のサハリン鉄道の路線図を見ると、旧国境の南側に、ポロナイスクという駅がある。樺太鉄道時代の敷香（しすか、しくか、しきかと、三種類の読み方がある）駅である。

敷香は樺太の最北に位置し、軍事的にも重要な町だった。敷香駅から国境線までは約八〇キロ。その先にも十の駅があったが、そのうち七駅は旅客駅ではなく、第二次大戦の激化によって一九四三（昭和十八）年から四四（同十九）年にかけて敷設された軍用線の駅である。

樺太鉄道時代の敷香はスイッチバック駅だったが、戦後、ソ連が駅の位置を移動させてスイッチバックを解消した。そのため現在のポロナイスク駅は繁華街から離れた場所にある。時刻表によれば、この駅に到着するのは午前四時二十三分で、十分間停車することになっている。

オホーツク海に沿って北上してきた東部本線は、ここポロナイスクに到達すると、海岸を離れて内陸を進むことになる。その先の、日本軍が敷いた軍用線の軌道はいまも使われていて、北緯五〇度線にもっとも近い駅であるポベジノは、かつて軍用線の終点だった古屯《ことん》である。ただしここは小さな駅らしく、寝台急行は停まらない。

古屯という地名は、先住民族であるニブフ（旧称ギリヤーク）の言葉で街を意味する「コトン」からきているというが、現在の駅名であるポベジノは勝利を意味するロシア語である。一九四五（昭和二十）年八月一一日、ソ連軍が北緯五〇度の国境線を越えて侵攻し、この付近で激しい戦闘が起きた。日本軍との戦いに勝利したという意味で、ポベジノと名づけられたという。

五〇度線を越えて最初の停車駅はティモフスクである。かつての国境の向こう側の駅なので、当然、日本語の駅名はない。到着予定時間は午前八時一分。〈ポロナイスク―旧国境〉〈旧国境―ティモフスク〉の距離と、列車のおよその時速から計算すると、五〇度線を通過するのは午前六時半から七時ごろと思われる。われながら大雑把な計算だが、大きく間違ってはいないだろう。

国境通過まで寝ないで起きていようと心に決めた私だったが、ガムテープとストールで即席のカーテンを作り終わったあと、しばらくうとうとしてしまった。十一時過ぎに目が覚め、もしまた眠ってしまったときのためにスマートフォンのアラームをセットして、持ってきた文庫本を開いた。林芙美子《はやしふみこ》の『下駄で歩いた巴里《ぱり》』（岩波文庫）である。

図書館で集めた樺太関連の資料の中に、戦前の樺太を旅行した著名人のリストがあった。そこに芙美子の名が載っていたことから、「樺太」「林芙美子」で検索してみたところ、出てきたのがこの本だった。よく知られた表題作のほかにもいくつかの作品が収録されていて、その中に「樺太への旅」と題する紀行文があった。

芙美子は樺太でどこへ行き、何を見たのか――。サハリンを縦断する列車の中で読むのにちょうどいいと思い、出発前に買っておいたのだった。

観光の目玉は「国境見物」

芙美子が樺太を旅したのは、一九三四（昭和九）年六月のことである。津軽《つがる》海峡を越えて北海道に渡り、いくつかの町や村で桜や林檎《りんご》の花の盛りを見たあと、北海道最北の港・稚内《わっかない》から船に乗った。

船の名は亜《あ》庭《にわ》丸といった。下船する大泊《おおどまり》港（現在のコルサコフ港）がある樺太の亜庭湾からとったのだろう。この船に乗り合わせた人たちを、芙美子は簡潔かつあざやかに描写している。

まず「ウテナクリームのマネキンの女たち」。たまたま札幌《さっぽろ》の宿で泊まり合わせた彼女たちは「戦線へ乗り出して行くような元気な姿」で乗船を待つ行列に入ってきた。八人で北海道にやってきて、函館《はこだて》で四人ずつに分かれて仕事をしているという。都会風の服装をしている彼女たちは、いまでいう化粧品会社の美容部員といったところか。

「初めて働きに行く漁場について心配そうに親方に相談している家族たち」や、「三等室の円窓から海をのぞいている小さい女学生」（樺太の両親のもとへでも帰って行くところなのでしょう、と芙美子は書いている）もいる。乗船前の待合室では「露西亜《ロシア》人の太ったきたないお婆さん」や「ゲートルを巻いた材木商人」、「袖丈《そでたけ》の長い白抜きの紋付を着た色の黒い芸者」といった人たちとも一緒になっている。

船の中でマネキンの女性たちと食事をとり、その後、喫煙室で、樺太新聞の記者と軍人と三人で、三日遅れの東京の新聞を読む。そこには五月三〇日に亡くなった東郷平八郎《とうごうへいはちろう》の葬儀の様子が報じられていた。芙美子は紙面に載った「東郷大将の青年の頃の美しい写真」を「しげしげと見」るのである。

東郷元帥といえば、聯合《れんごう》艦隊司令長官として日本海海戦でロシアのバルチック艦隊を破った日露戦争の英雄である。日本がサハリン島の北緯五〇度以南を「樺太」として領有することになったのは、戦勝国である日本がロシアと結んだ講和条約（一九〇五年のポーツマス条約）の結果なので、東郷と樺太には縁があるといえる。

芙美子が樺太を旅したのはそれから二十九年後のことで、亜庭丸に乗り合わせた人たち――マネキン女性、漁師の一家、女学生、材木商人、芸者、新聞記者、軍人――の顔ぶれからは、北の果ての島に確立されつつあった「日本」の姿がおぼろげながら見えてくる。

亜庭丸は八時間あまりかけて宗谷海峡を渡り、午後四時に大泊港に着いた。芙美子は大泊港を「稚内よりも少し派手」で「波止場は小ビルディングのよう」だと書いている。大泊は日本が樺太を領有した当初、樺太庁が置かれた港湾都市で、樺太の玄関口として栄えていた。

稚内―大泊間の連絡船が就航したのは、芙美子の樺太行きからさかのぼること十一年前の一九二三（大正十二）年である。鉄道省が開通させたこの稚泊《ちはく》航路によって、観光客も増えた。就航から二年がたった一九二五（大正十四）年の八月には、鉄道省が各界の名士を招待し、総

サハリン州立郷土博物館に展示されている国境標石（左がソ連領側。右が日本領側）

勢三百余名の観光団を樺太に送り込んだ。この観光団には北原白秋《きたはらはくしゅう》が参加し、紀行文『フレップ・トリップ』を書いている。

タイガ（北方の針葉樹林）が延々と続き、ツンドラ地帯に至る北の果ての島。風光明媚《めいび》とは程遠い、パルプと炭鉱の地だった大正時代の樺太に、観光地などあったのか？　この観光団のことを知ったとき、正直そう思った。いまでも日本からサハリンへ観光に行く人はごく少ないのに、と。

だが、出発前に読んだ『フレップ・トリップ』で、樺太にも観光地が存在したことを知った。本土では見ることのできない幾つかのものが、この島にはあったのだ。そのうち、もっとも価値の高かったものが「国境」である。

海に囲まれた島国に住む日本人にとって、地上の国境線は、わざわざ見に行くに値する観光資源だった。国境見物は樺太観光の目玉であり、北緯五〇度線の絵葉書も数多く発行されていた。国境のラインが目に見えるわけではないので、絵葉書に使われているのは、帯状に樹木が伐採されて道のようになっている国境地帯の写真や、国境標石の写真である。

国境線上の計四か所に置かれていた標石のうちのひとつを、私たちは前日に訪ねたサハリン州立郷土博物館で見ていた。

上部が少しすぼまった四角柱で、高さは六〇〜七〇センチほど。花《か》崗《こう》岩でできていて、日本を向いている南側の面には菊の紋章が、北を向いている面には双頭の鷲《わし》の紋章が刻まれている。双頭の鷲はロマノフ王朝を表すが、一九一七年のロシア革命でソ連になってからも、引き続きこの標石が使われたという。

白秋ももちろん国境見物をしているのだが、その話は後回しにして、まずは芙美子の足跡をたどることにする。

切り株だらけの車窓風景

寝台急行の規則正しい走行音を聞きながら、引き続き芙美子の「樺太への旅」を読む。外は漆黒の闇《やみ》で、ときどき通過駅の灯《あか》りが窓を横切るだけである。最初の停車駅であるマカロフ（樺太時代の知取《しるとる》）に到着するのは午前二時四十六分の予定で、それまでに十一の駅を通過することになる。

車窓から見た停車駅

ベッドの枕もとには小さな蛍光灯がついている。今回の旅には、暗い寝台車でも読んだり書いたりできるようにと思ってミニサイズのマグライトを持ってきていたが、出番はなさそうだった（ナイロンロープとガムテープを持って乗車したことでお気づきかと思うが、私は何ごとにつけ用意周到なタイプである。実をいうと通販で買った「ペン先が光るボールペン」なるものも持ってきていた）。

カーテン代わりのストールごしに、柘植青年のシルエットが見える。ノートに何やら書きものをしているようだ。昼間、ホルムスク（真岡《まおか》）に行ったときのメモをまとめているのかもしれない。

私も今日のうちに詳しいメモを作っておいたほうがいいのだが、「樺太への旅」が面白くなってきたので読書を優先することにした。読み進むうちに、芙美子が樺太で鉄道旅をしたこと、それも、私たちと同じ路線に乗ったことがわかったのである。私たちを乗せた寝台急行がいま走っているこの線路の上を、八十三年前、芙美子もまた国境に向けて北上したのだ。

大泊で下船した芙美子はまず、樺太最大の都市である豊原《とよはら》（現在のユジノサハリンスク）に向かう汽車に乗った。車窓から見た景色について、彼女はこう書いている。


この豊原に来るまでに、一時間あまりの車窓を見て驚いた事は、樺太には野山という野山に樹木がないことでした。（中略）どのように樺太の山野を話していいか、まるで樹の切株だらけで、墓地の中へレールを敷いたようなものです。

私は大泊までお迎えに来て下すった友人たちに、「いったい、これはどうしたのですか！」と驚き呆れて訊《き》いたものです。

行けども行けども墓場の中を行くような、所々その墓場のような切株の間から、若い白《しら》樺《かば》の木がひょうひょう立っているのを見ます。名刺一枚で広大な土地を貰って、切りたいだけの樹木を切りたおして売ってしまった不在地主が、何拾年となく、樺太の山野を墓場にしておくのではないでしょうか。盗伐の跡をくらます為の山火や、その日暮しの流れ者が野火を放って、自ら雇われて行くものや、樺太の自然の中に、山野の樹木だけはムザンと云《い》うよりも、荒寥《こうりょう》とした跡を見ては、気の毒だと思います。樹が可哀想です。

（「樺太への旅」より）

森林は樺太における最大の資源だったが、一九一〇年代から急速に開発が進み、王子製紙などの大手だけではなく、一旗揚げようとする内地や北海道の中小の木材業者も続々と来島した。無尽蔵に思われた森林資源は一九三〇年代には枯渇の危機に瀕《ひん》し、芙美子が書いているような盗伐や放火も横行していた。

「名刺一枚で広大な土地を貰って、切りたいだけの樹木を切りたおして売ってしまった不在地主が、何拾年となく、樺太の山野を墓場にしておくのではないでしょうか」とは、植民地行政を統括していた拓務《たくむ》省、そして樺太庁への痛烈な批判である。

このあとに続く文章で芙美子は「汽車の中は私には様子の知れない洋服の紳士諸君が多い。どのひとの顔も樹を切りに行く人の顔に見えて仕方がありません。私は左翼でも右翼でもありませんが、此様《この》な樹のない荒寥とした山野を眼にしますと、誰にともなく腹が立ってならない」と書いている。

この「樺太への旅」は、一九三五（昭和十）年に改造社の雑誌「文藝《ぶんげい》」に掲載されたが、こうしたことを書いて発表するのは、当時、かなりの勇気を要したはずだ。

八十三年前の〝鉄道力〟

豊原に着いた芙美子は、駅に近い花屋ホテルで荷をほどいた。豊原を起点に、日帰りでまず出かけたのは、小沼《こぬま》という集落にある養狐《ようこ》場だった。

小沼駅は現在のノヴォアレクサンドロフスク駅である。当時は豊原から三つ目の、私たちの乗った寝台急行もついさっき通過してきた駅だ。「まるで山岳列車でも停りそうな小さい駅」と芙美子はこの駅を描写している。

茎の太い蕗《ふき》が繁り、水芭蕉《みずばしょう》の白い花が点々と咲く中を芙美子は農業試験場まで歩き、そこから所員に案内してもらって養狐場を訪れた。

樺太は養狐の適地とされ、芙美子が訪れたころは毛皮産業が有望視されていた。わざわざ見学に行ったのは、狐の飼育の様子は本土ではまず見られなかったからだろう。

林に囲まれた広大な養狐場は金網で仕切られ、その一区画ずつに狐がうずくまっていた。「何を見ているのか、瞳は常に空の方へ動いている」と芙美子。茶箱のような大きな木箱に入れられて家の中で飼われている子狐は、「まるで猫のよう」「鳴声は猿のよう」と描写されている。

帰りの汽車に乗り遅れた芙美子は、乗合自動車で豊原に戻る。そして翌日、敷香《しすか》を目指して本格的な鉄道旅に出発した。

その日、芙美子は朝七時に豊原から乗車し、途中駅の落合《おちあい》でいったん下車した。落合は現在のドーリンスクである。

豊原から二時間で落合に着いたと芙美子は書いている。現在のサハリン鉄道の時刻表を見ると、各駅停車の場合、同じ区間（ユジノサハリンスク―ドーリンスク）の所要時間は一時間十分ほどだ。

集めた資料の中に、一九三五（昭和十）年の時刻表があった。芙美子の旅の翌年である。それを見ると、この区間を一時間五分で走っている列車がある。何と、現在よりも速いのだ。

ちなみに駅の数がいまより少なかったということはない。当時の日本の〝鉄道力〟がいかにすごかったかがわかる。

芙美子の紀行文は、感覚的なようでいて、よく読むと各種の数字がしっかり書き込まれている。船や鉄道の出発時刻や所要時間はもちろん、物の値段から見かけた子供のおおよその年齢、一緒に食卓を囲んだ人の数、車窓から見た山の高さから峰の数まで、こまめに記されているのだ。

話を寝台急行の車中に戻そう。「樺太への旅」の中の、芙美子が落合で下車する場面を読んでいるとき、私はふと思った。「いま乗っているこの列車、もしかして落合のあたりを走っているのでは？」と。

発車してから一時間と少したっている。寝台急行は、当時の落合であるドーリンスクには停まらないが、時間からいって、だいたいそのあたりを通過中のはずである。鉄道に興味のない人にはそれがどうしたと言われそうだが、こういう偶然には胸がときめく。

私は本を閉じ、しばらく窓から外を眺めて過ごした。そのまま十分ほどたったころ、駅の灯りが窓外を横切ったが、それがどこの駅なのかは残念ながらわからなかった。

三　ツンドラ饅頭とロシアパン

四つの地名を持つ土地

落合《おちあい》（現在のドーリンスク）駅で下車した林芙美子は、乗り換えの汽車が発車するまでの二、三十分間をこの駅で過ごした。

「元、この落合町は、ガルキノウラスコエと云《い》って小さな寒村だったそうです。現在では王子製紙株式会社落合工場があり、なかなか大きい町です」と芙美子は「樺太《からふと》への旅」に書いている。

　この島の土地は、そのときどきの支配者によって命名されてきた。私がいま書いているこの文章では、樺太時代の地名と現在の地名を併記しているが、そのどちらでもない名で呼ばれていた時代もある。

たとえば樺太時代の落合は現在のドーリンスクだが、サハリン島の南半分が日露戦争後のポーツマス条約によって日本領になる前、つまり帝政ロシアの時代には、芙美子が記しているように、ガルキノウラスコエと呼ばれていた。

もちろん樺太を旅したときの芙美子は、ガルキノウラスコエ（帝政ロシア）から落合（日本）になったこの町が、第二次大戦後、ソ連によってドーリンスクと命名される日が来ることを知る由もない。

同様に、樺太庁が置かれた中心都市・豊原《とよはら》（現在のユジノサハリンスク）の帝政ロシア時代の名前はウラジミロフカだし、稚泊連絡船が到着する港・大泊《おおとまり》（現在のコルサコフ）は、ポロアントマリだった。旧樺太の土地は、百年足らずの間に三つの名を持つことになったのである。

ドーリンスク（樺太時代の落合）駅

二つの帝国の領土争いを反映して変遷してきたこれらの地名の前に、先住民であるアイヌの人々（サハリン島にはアイヌ、ニブフ、ウィルタなどの先住民がいたが、おおまかに言えば、ニブフとウィルタはおもに島の北半分に住んでおり、南半分はアイヌの人々が多く住む土地だった）が長く呼びならわしてきた、もともとの名があったことは言うまでもない。つまり、ひとつの土地が四つの名を持っているわけで、それはそのまま、この島がたどった近代の歴史――先住民の土地が、外からやって来た者たちによって、ロシアになり、日本になり、ソ連になり、ソ連がなくなってまたロシアになった――を表している。

樺太時代の地名は、帝政ロシア時代の地名の読みを尊重し、そこに漢字を当てたものがある。「ポロアントマリ↓大泊」がそうだし、ほかにも「マヌイ↓真縫（まぬい）」「マウカ↓真岡（まおか）」「トマリオロ↓泊居（とまりおる）」「エストル↓恵須取（えすとる）」「クスンナイ↓久春内（くしゅんない）」「ポントケシ↓本斗（ほんと）」など、その数は多い。

これら帝政ロシア時代の地名は、アイヌ語の地名に由来しているものが多く、結果的にそれは樺太時代の地名に引き継がれることになった。アイヌ語の音に漢字を当てた北海道の地名と似たものが樺太の地名に見られるのはそのためなのだろう。

だが、第二次大戦後のソ連は、帝政ロシア時代の地名をほとんど引き継がず、新たに命名を行った。地名という形で土地に刻まれてきた歴史と記憶を断ち切ったのだ。

革命によってできた政府なのだから、帝政の時代を否定するのは当然といえば当然かもしれない。第二章で、先住民ニブフの言葉で街を意味する「コトン」に由来する樺太の地名「古屯（ことん）」が、戦後、ソ連によって勝利を意味するロシア語の「ポベジノ」に変更された話を書いたが、そんなふうにして、新たな歴史を土地に刻み直そうとしたのだろう。

ロシアには、サンクトペテルブルク↓ペトログラード↓レニングラード↓再びサンクトペテルブルクと、体制の変化によって何度も名前を変えた都市もあるし、領土の拡大にともなって、自国に編入した土地の都市名をロシア語に変えた例も多い。

日本でも、古くからの地名を捨てて、歴史とは無縁の地名をつけてしまう例があるが、そこには激動の歴史などといったものはなく、単に二つの地名をくっつけたり、語感のみを重視した軽薄な地名をつけたりしている。

それに対してサハリンの地名には、国境の島ならではの歴史の厚みが隠されている。いくつもの名が地層のように積み重なった土地を、列車に乗って旅していると、まさに歴史の上を走っているのだという実感がわいてくる。

ただ、前にも書いたように、地図にしても時刻表にしても、発行された時代によって地名、駅名の表記が異なるので、数種類を照らし合わせなければならない。あまりに煩雑で頭の中がごちゃごちゃになるが、旅をしているうちに、それも醍醐味《だいごみ》のひとつだと思えるようになってきた。

芙美子が食べたロシアパン

芙美子が書いているように、落合は製紙工業で栄えた町で、王子製紙の工場があった。

もともとは一九一七（大正六）年に日本化学紙料という会社が、日本初のクラフト紙の専門工場を設置したのが始まりである。一九二二（大正十一）年六月に富士製紙と合併、その後、一九三三（昭和八）年五月に王子製紙に吸収合併された。

芙美子が旅した当時、落合駅までは公営の樺太庁鉄道で、その先は王子製紙系の私鉄である樺太鉄道が敷設した区間だった。芙美子は落合駅で、樺太鉄道の事務員の女性たちにサインを頼まれている。

落合の製紙工場は、日本時代に造られた他の工場と同様、第二次大戦が終結したあとも、ソ連の国営企業として操業を続けた。

ガイドのエレーナさんはドーリンスクの出身で、サハリン国立総合大学の日本語学科を卒業しているが、入学前に半年間ほど、この製紙工場で働いたことがあると話していた。エレーナさんは一九七〇年生まれというから、一九八〇年代の終わり頃の話である。その後、一九九五(平成七)年に工場は操業を停止した。

落合駅で芙美子は、北上して南新問《みなみにいとい》(現在のノーボエ)駅に向かう列車に乗り換えた。芙美子が目指していたのは、さらに北にある敷香《しすか》(現在のポロナイスク)の町で、そこを起点として国境見物に行こうとしていた。

だが、彼女が旅した一九三四(昭和九)年は、まだ鉄道は敷香まで開通しておらず、その四三キロ手前の南新問が終点だった。敷香まで鉄道が開通するのは、二年後の一九三六(昭和十一)年のことである。

途中駅の白浦《しらうら》(現在のヴズモーリエ)駅に停車中、芙美子はホームで「パンにぐうぬう。パンにぐうぬう」と呼び売りをしているロシア人を見る。

こういうとき、必ず買ってみるのが芙美子という人で、「このパン屋は、なかなか金持ちだそうです。美味《おい》しいパンだと聞いておりましたが、あまり美味しいパンだとは思いませんでした。味は子供の好きそうな甘さで、内地で日本人の焼いたパンの方がよっぽど美味しい」とある。

この部分を読んだときも、「私が乗っているこの列車、いまヴズモーリエあたりを通っているのでは？」と思い、カーテンをあけて窓の外を見た。相変わらず漆黒の闇《やみ》で駅の灯《あか》りは見えなかったが、計算上はちょうどそのあたりを通っている時間だった。

このパンのエピソードに興味がわいたのは、出発前に読んだ、児童文学作家・神沢利子さんの『流れのほとり』に登場する「ツンドラまんじゅう」なる食べものが心に残っていたからだ。神沢さんは幼少期を敷香に近い内川《ないかわ》（現在のチフメネヴォ）という村で過ごしており、『流れのほとり』は当時を回想した物語である。内川にいたのは小学校二年生だった一九三一（昭和六）年からの数年間で、芙美子が樺太を旅した時期とほぼ重なっている。

ツンドラまんじゅうとは、神沢さん自身をモデルとする主人公の父親が、仕事で敷香に行ったときにいつもお土産に買ってきてくれていたお菓子である。饅頭《まんじゆう》というからには和菓子と思われるが、一度聞いたら忘れられない、インパクトのあるネーミングだ。ツンドラ（永久凍土）の名を冠する饅頭とはいったいどういうものなのか。がぜん知りたくなって、出発前に調べてみた。

『流れのほとり』では、茶色いということしか書かれていない。図書館などで集めた樺太関連の資料にも載っていなかったが、インターネットで検索したところ、敷香にあった「都屋」という菓子屋の広告がヒットした。

「敷香名物　ツンドラ饅頭」とあり、名産品として表彰されたときの賞状が載っている。さらに、「ツンドラ饅頭　都屋」との文字がある記念スタンプ（オットセイとトナカイらしき絵も入っている）も押されている。だが残念ながら現物の写真はなかった。原料もわからない。

この謎の銘菓をきっかけに、当時の樺太の食文化（というのは大げさだが）が気になっていた私は、列車の中で読んだ、ヴズモーリエ駅のパンに興味をひかれたのだった。芙美子の書きぶりからすると、樺太でロシア人（芙美子は「露西亜人」と表記している）が売るパンの評判を、それまでにどこかで耳にしていたようだ。このロシアパンもまた樺太の名物だったのかもしれない。

北原白秋の樺太

日露戦争後に北緯五〇度以南が日本領となったあとも、そのまま残って暮らしたロシア人がいたことは知っていたが、かれらが樺太の日本人社会の中でどうやって生計を立てていたのかはよく知らなかった。こんなふうに、駅でパンを売ったりしていたのだろうか。

サハリンを走る列車の中では知る術《すべ》がなかったが、東京に戻ってから、北原白秋の樺太紀行『フレップ・トリップ』を読んでいたら、パンを焼いて売ることで生活しているロシア人一家の話が出てきた。

白秋が樺太を旅したのは、芙美子より九年早い一九二五（大正十四）年八月である。樺太に滞在したのは八日間だが、鉄道省が各界の名士三百余名を招待しての大観光団だけあって、船と鉄道、それに自動車も使って、名所といわれるところをくまなく回っている。芙美子が養狐場を見るために訪れた小沼《こぬま》（現在のノヴォアレクサンドロフスク）にも立ち寄っている。そこで狐を見学したあと、農場の場長から、「露西亜人のパン屋の家」に案内されるのである。

その場面の前に、小沼の農場を描写した文章があるので紹介しておく。

大陸的な樺太の八月の驟雨《しゅうう》である。いかにそれが異郷風の壮観であったかは想像してくれたまえ。

私は眺めていた。庁舎の押上げ窓の硝子《ガラス》を透かして。

目も彩《あや》な花壇の紅《べに》が、紫が、雪白《せっぱく》が飜った。雨の飛瀑《ひばく》が襲来した。

フィルム。フィルムの急速度の線、線、斜線、

前面の菜圃《さいほ》が。——青黍《きび》、もち稗《ひえ》、花椰菜《はなやさい》、火焔菜《かえんさい》、トマトが、南瓜《かぼちゃ》が、ああ大蕪《かぶ》が。

すばらしい、すばらしい。雨だ、音だ、銀だ、ああ、緑だ。霧だ、霧だ、霧だ。

亜麻が、ライ麦が、燕麦が、夏蕎麦《そば》が、菜の花が、ああ、また大麦が。

蝶だ、ああ、光った、乱れた。たたきつけられた、急角度に。

濛々《もうもう》と、隠見する遥かの白樺、たも。ああ、楡《にれ》、ばっこ楊《やなぎ》。家、家、家。

見渡すかぎりの牧草。
や、汽車が来た、紫の煙、煙。

（『フレップ・トリップ』より）

白秋の樺太紀行は終始こんな調子で、「心は安く、気はかろし、揺れ揺れ、帆綱《ほづな》よ、空高く……」という船上での記述から始まり、当時から精力剤として名高かったオットセイ約三万頭が生息する海豹島《かいひょうとう》の見物記まで、よほど樺太が気に入ったのか、それとも文体の実験なのか、読み手がとまどうほど饒舌《じょうぜつ》で明るい文章が続く。

たとえば、白秋が特に楽しみにしていた旅のクライマックス、海豹島の描写はこんな感じである。

成牝《カウ》の体臭。
想像だも及ばぬ生きた「被服廠《ひふくしょう》の死屍《しし》」さながらの、累々たる黒褐の、頭の、図体の、鰭脚《ひれあし》の、本能次第の、無智《むち》の、性慾《せいよく》そのものの、阿修羅の、また自然法爾《ほうに》の大群集、その大群集を見よ。

ぎゃお、わお、がお、うわアああ、わお、おお、
ぎゃお、うわうう、ぎゃお、わお、おう。
ぎゃお、わお、がお、うわアああ、わお、おお、

ぎゃお、うわうう、ぎゃお、わお、おう、
ぎゃお、わお、がお、うわアああ、わお、おお、
ぎゃお、うわうう、ぎゃお、わおおう。
（同前）

岩波文庫『フレップ・トリップ』の解説で、詩人の山本太郎《やまもとたろう》（白秋の甥《おい》に当たる）は、白秋のこうした書きぶりを、「躁《そう》状とでもいうべき自由な文体」「主客未分化のコンデンス状態」と呼んでいるが、まさにそんな感じである。

残留ロシア人一家

白秋が小沼の農場を訪ねた話に戻ろう。先に引いた農場の描写のあとに続くのは、場長とのこんな会話である。

「あ、彼処《あそこ》です。露西亜人のパン屋の家は。」と場長さんが、Aさんの話の中途で立ち上がった。

先ほどの若い技手が、熱い熱い番茶を卓上の茶碗《ちゃわん》に注《つ》いでまわった。

「此方《こちら》にも露人がいますか。」と私は振り返った。

「ええ、一、二家族居ついていますがね。」

「何をやって暮らしていますか。」

「パンを焼いたり、牧畜をやったり、それはおとなしいものです。」

「聖代の徳化にうるおっている訳でさ。ありがたいもので。」とAさんは敷島《しきしま》に火を点じた。

「白系の良民ですな。元は北樺太にいたのですがね、バルチザンの残党や赤化の無頼漢どもの脅迫から、とうとう堪えきれなくて南へ落ちのびて来たのです。気の毒なものですよ。それでも此方へ来てからはすっかり安心して、日本はいいといっています。もっとも、露領時代からの住民もいます、丸太式の小舎《こや》に。」

(同前)


こうして一行は、ロシア人の家を見に行く。そこには五〇代の父親、一七、八歳の娘、一五、六歳の息子、八〇歳くらいの老女がおり、ペチカを使ってパンを焼いていた。

白秋たち数人の男が家の中に上がり込み、それぞれ勝手な感想を述べながら、さかんに写真を撮る。その無神経さと無礼さに驚かされるが、当人たちにはまったく悪気がない。オットセイや狐、国境の標石などと同じように、かれらにとってはロシア人の住まいも、樺太の「名物」だったことがわかる。

その後、白秋たち一行が小沼駅で帰りの汽車を待っていると、さっきのロシア人の家の息子がやってくる。乗客にパンを売りに来たのだ。その姿を白秋は「首から黄いろい紐《ひも》を、前の函《はこ》には、それこそふかし立ての露西亜パンを山盛りにして、活潑《かつぱつ》に改札口を出ると、ちょいと横向きの白い頸《くび》すじを見せた」と描写している。乗客たちはいっせいに群がってパンを買いもとめ、汽車に乗って小沼を去った。

芙美子と違って白秋はこのパンの味について書いていないが、彼が旅をしたときすでに、ロシア人がパンを焼き、駅で売っていたことがわかる。

白秋は小沼駅から汽車に乗る前に呉服屋兼小間物店に立ち寄り、そこの主人に、ロシア人のパン屋の家族は生活していけているのかと尋ねている。すると主人は「相当にやってゆけるようでございますよ」と答えた。芙美子も、白浦駅でパンを売るロシア人のことを「なかなか金持ちだそうです」と書いている。ロシアパンは当時の樺太ではポピュラーな食べものだったのだろうか。

そういえばサハリンのパンは美味しかった。ユジノサハリンスクで泊まったホテルの朝食には、ロールパンとトースト用の食パンのほかに数種類のデニッシュが並んでいた。山小屋のような雰囲気の素朴な宿だったが、パンの味は日本のホテルより数段上だった。駅前の簡素なスタンドで食べたピロシキの、もっちり・ふかふかの生地に感動したのは、本場なので想定内だったが、カフェのサンドイッチもレベルが高かった。

これはもしかして、樺太時代からの伝統なのだろうか。樺太でロシア人が売っていたパンについて、もうすこし調べてみることにした。

樺太のポーランド人たち

ツンドラ饅頭について調べたときは、ネット上にあった菓子屋の広告しか見つけられなかったが、ロシアパンについてはもう少し詳しいことがわかった。いちばん参考になったのは、ロシア極東連邦総合大学函館《はこだて》校のサイトにある「極東の窓」というブログだった。その記述によれば、日露戦争の勝利をきっかけに、明治の末に東京でロシアパンのブームが起こり、樺太に残留したロシア人を呼び寄せてパンを焼かせた業者もいたという。

一方樺太では、駅で残留ロシア人が日本人にパンを売っていました。中里《なかさと》（現ミツリョフカ）駅で、赤ん坊の頭ほどの大きさのパンを布に包み、「温かいパンパン」と言って売り歩く少女マルーチャ、「ポーランドのパン」と書いた帽子を被《かぶ》って白浦（現ヴズモーリエ）駅でパンと牛乳を売るアダム・ムロチコフスキーの姿は、樺太を訪問した日本人が旅行記で紹介され《ママ》るほどでした。

この部分を読んで、芙美子が白浦駅のホームでパンを買ったのは、もしかしたら、このムロチコフスキー氏ではないかと思った。ポイントは、この人物がパンと一緒に牛乳を売っていたという点である。

芙美子は紀行文の中で、「パンにぐうぬう」という呼び売りの声を書きとめている。サハリンを走る寝台急行の中でこの部分を読んだとき、「?・」と思った。「ぐうぬう」とはいったい何なのか。

以来、ずっと心に引っかかっていたのだが、このブログを読んでハタと気づいた。もしかしたら、「ぐうぬう」＝牛乳ではないか。

こういうきっかけがあると、リサーチ魂に火がつく。一九三四（昭和九）年、樺太の白浦駅ホームで、芙美子にあまり美味しくないパンを売った、「なかなか金持ち」らしいパン屋は、はたしてこのムロチコフスキーだったのか。ブログには、樺太を訪問した日本人が旅行記で紹介したとある。ならば調べられるかもしれない。

ムロチコフスキーが登場する日本人の旅行記は見つけられなかっただが、あきらめずに資料を探索した結果、北海道大学のサイトで『ポーランドのアイヌ研究者　ピウスツキの仕事』という報告集に行き当たった。その中にあった、ポーランドの紀行作家でジャーナリストのアレクサンデル・ヤンタ＝ポウチンスキという人物が樺太に滞在したときの旅行記「樺太のポーランド人たち」（佐光伸一訳、井上紘一・尾形芳秀注釈）に、ムロチコフスキーのことが出ていたのである。

帝政ロシア時代のサハリン島は流刑地で、囚人の中には、ロシア人だけではなく、当時ロシアが統治していたポーランドの政治犯もいた。かれらの中には、日露戦争後、日本領となった北緯五〇度線以南に残留した人たちもいる。ロシア革命に巻き込まれ、ニコラエフスクから犬《いぬ》橇《そり》に乗って韃靼《だったん》海峡を渡り、サハリンに逃げてきたアダム・ムロチコフスキ（Adam Mroczkowski）もその一人だった。

ムロチコフスキは、さまざまな職業をへてパンの製造と販売を始めた。白浦で彼と会ったポウチンスキは、「樺太のポーランド人たち」の中で、駅のホームで「パン、ギュウニュウ、パン、ギュウニュウ」と叫びながら、大きなロールパンと牛乳を売り歩く姿を描写している。

ポウチンスキがムロチコフスキと会ったのは、芙美子が樺太を旅したのと同じ一九三四（昭和九）年である。彼女にパンを売ったのは、ムロチコフスキだったと考えて間違いないだろう。芙美子が彼をロシア人だと思ったように、当時の日本人は、樺太にいる白人はみなロシア人だと思い込んでいた。それも無理のないことで、日本時代の樺太にポーランド人がいたことはほとんど知られておらず、資料もわずかしか残っていないという。

樺太にポーランド人のコミュニティがあったことは、私もまったく知らなかった。ここでもまたサハリン島の歴史は複雑である。

ロシア人として扱われるのはかれらにとって耐えがたいことで、「樺太波蘭《ポーランド》人会」を設立して樺太の警察に届け、ロシア人との差別化を図った。その初代会長が、同胞にも地元民にも信頼の厚かったムロチコフスキだったという。

「樺太のポーランド人たち」には、パン売りとして成功するまでに彼がたどった壮絶きわまりない人生が描かれている。ポーランドからたったひとりでサハリンまで訪ねてきた老母と十七年ぶりに再会した感動的なエピソードもある。だが母は息子とともに暮らすことを選ばず、

「私の土地がある場所に戻らなければなりません」と言って、故郷に帰っていくのである。

あのときあなたがパンを買ったのは、遠いポーランドで生まれ、革命に巻き込まれて死にかけ、艱難《かんなん》辛苦の果てに樺太に根を下ろした人物だったんですよ——泉下の芙美子にそう教えてやりたい気持ちになった。

四　国境を越えた恋人たち

髪洗粉と乗合自動車

芙美子の乗った列車は、知取《しるとる》（現在のマカロフ）をへて、午後四時頃、南新問《みなみにいとい》（現在のノーボエ）に着いた。

途中、車窓から見たオホーツク海を、芙美子は「雨もよいのせいか、髪洗粉を流したような灰色の海です」と描写している。

髪洗粉とは、明治時代に登場した洗髪用の粉末で、お湯でといてペースト状にして使われた（主に女性用。男性は石鹼《せっけん》で洗髪していた）。原料はでんぷんやふのり、椿油の搾りかすなどで、洗浄力を高めるため、灰や粘土が加えられることがあった。髪をすすぐとお湯が黒っぽい灰色になり、そのため銭湯で使うと嫌がられたという話を、大正生まれの女性にきいたことがある。

海の色を言いあらわすために、古今東西さまざまな比喩《ひゆ》が用いられてきたが、髪洗粉という生活感あふれるものを持ってきたところがいかにも芙美子らしく、また時代性も感じさせる。

芙美子が下車した南新問は、当時の樺太《からふと》鉄道の終点である。芙美子によれば、駅舎は「バラック建」で、「台所のように小さい改札口」があった。その改札を出ると、乗合自動車やハイヤーが四、五台並んでいて、「蟻のような人だかり」になっていた。

稚内から連絡船に乗ったときと同様、ここでも芙美子は、そこにどんな人たちがいたかを描写することを忘れない。

「荷物！　わしの荷物誰持って行ったァ」と叫んでいる漁師の神《かみ》さんや、「姐《ねえ》さんハイヤにしべよ」と、水色の鹿《か》の子をひらひらさせた酌婦《しやくふ》連れが、三味線袋をかかえて自分たちの乗って行く自動車を探していたり、私たちは、早々と鰊《にしん》臭い乗合自動車に乗りました。寿司づめの満員です。リュックサックにしょうちゅうを買いこんで来たと自慢している土木工夫や、林務署の役人、漁師、こう云《い》った人たちが、肩と肩をつきあわせて乗っているのですけれど、豊原のあの不快な思い出から、私は早《は》や段々愉《たの》しくなり始めています。この乗合自動車はまるで荷物船で、私の脚の横には野菜籠《かご》が同居しているし、魚臭い爺さんが一寸ほど私のひざに腰をかけていて、内路と云うところまで身動きが出来ませんでした。

（「樺太への旅」より）

この乗合自動車の行先は、四三キロ北の敷香《しすか》（現在のポロナイスク）である。敷香行きの自動車に乗り合わせた人々の多彩な顔ぶれと、ぎゅうぎゅう詰めの車内の様子からは、当時、漁業と林業の町から工業都市に変わりつつあった敷香の活気が伝わってくる。

ここに引いた文章の中に「豊原のあの不快な思い出」とあるのは、芙美子が豊原《とよはら》（現在のユジノサハリンスク）に着いた翌日の出来事である。早朝、地元の警察から宿に電話があり、「何時《いつ》来たのかね」「ちょっと来いよ」などと言われた。挨拶《あいさつ》に来いということである。

呼出しに応じるつもりはなかった芙美子だが、樺太の概要が書かれたパンフレットをもらいに樺太庁に行き、警察部の役人と話していると、「やァ、こんなところにいたのか」と、朝の電話の主の男がやってくる。そして横柄な口調で「中野に何日位いたかね?」と訊《き》いてきた。

芙美子はこの前年、共産党に資金提供を約した疑いをかけられ、中野警察署に九日間勾留されていた。男は一介の巡査なのだが、中野署にいたことがあるといい、俺は全部知っているぞ、というようななれなれしい態度を取る。

「私は貴方《あなた》の顔に少しも記憶がないのですが、人まちがいではないでしょうか?」

「俺はよく知っているよ。君はシンパで這入《はい》って来たじゃないか」

侮蔑《ぶべつ》的な態度と暴言に芙美子はついに泣き出し、こんなところにはいたくないと、早々に北海道に戻ることまで考える。

この場面は、「何割かの植民地手当で、これだけ威張って……土地ですから、サツバツで山野の樹木のなくなるのも当然のことでしょう」という一文で締めくくられている（「……」の前後のつながりが不自然で、この部分にあった文言が、雑誌掲載の際、植民地行政への批判とされて検閲で削除されたことも考えられる）。

豊原は樺太経営の拠点とするため、計画的に建設された政庁都市である。官製の町である豊原で不快な思いをした芙美子だったが、敷香へ向かう魚臭い乗合自動車の中でそれが消えて行き、「段々愉しくなり始め」る。芙美子が何を嫌い、どんな人たちを自分の同胞と感じる人物だったかが改めてよくわかる。

寝台急行は暖房地獄

芙美子が乗合自動車に乗ったあたりまで「樺太への旅」を読み進めたところで、私は眠りに落ちた。時刻は午前零時を少し回った頃だったと思う。

芙美子の旅から八十余年をへて、同じ鉄路を走るわれらが寝台急行は、芙美子が降車したかつての南新問駅を午前四時前に通過（現在のノーボエ駅には急行は停まらない）したはずだが、その時刻、私は枕もとの蛍光灯をつけっぱなしにして、片手に『下駄で歩いた巴里』の文庫本を持ったまま眠り込んでいた。

目がさめて腕時計を見たら午前五時半過ぎだった。全身に汗をかいている。怖い夢を見たわけではない。暑いのだ。純白のカバーがかかった薄手の掛布団は、寝ている間にはねのけたらしく、足もとに丸まっている。

一一月のサハリンは、東京の感覚でいうと真冬である。乗車したときのユジノサハリンスクの気温は零下で、列車に乗り込んだときは暖かさにほっとした。車内は廊下にも暖房が行き届いていて、スリッパで歩いても大丈夫だ。北上するにつれて窓の外は雪景色に変わっていったが、暖かさは変わらず、さすがロシアの鉄道は寒さ対策が万全なのだと感心した。

だがその後、室温はさらに上がったようだ。車内が寒かったときのために、上下とも防寒用のヒートテックの肌着を着こんで乗車した私は、目がさめると汗だくで、額に髪の毛がはりついていた。

私が育った北海道でも、冬場の室内は内地にくらべてずっと暖かく、Tシャツで過ごせるほどだが、その比ではない暖房の効かせ方である。ヒートテックを脱いで、薄手のフリースとスエットパンツだけになったが、それでも暑い。窓は開けられないし廊下も暑いので逃げ場はなく、ほとんど暖房地獄の様相を呈してきた。

母親譲りの心配性（小学生のとき、「ゴムが切れたときのために」と、パンツを二枚はかされて登校していた）である私は、風邪を引いてはいけないと、完璧《かんぺき》な防寒対策をしてサハリンにやってきた。

下半身は厚手のタイツにヒートテックのレギンスを重ねばきし、その上に、某通販で取り寄せた「裏起毛あったかスラックス」。さらに念のため、スラックスの上からはくオーバーパンツ（ダウン入り）も持って乗車した。上半身は、ヒートテックの肌着にセーター、その上に薄手のダウンベストを着た上に、膝《ひざ》まであるダウンコートという姿である。

さらに、靴用のものも含め、使い捨てカイロを二十個以上持ってきていた。寝台急行の終点のノグリキはユジノサハリンスクよりずっと寒く、出発前に天気予報をネットで見たら、最低気温は零下一〇度を下回っていたのだ。

だが、結論からいうと、ノグリキでもこんな厚着は必要なかった。駅舎もカフェもスーパーマーケットも博物館も、暑いくらい暖房が効いていて、カイロではなく汗拭《ふ》きシートを持ってくるべきだったと後悔したほどである。

そんなわけで、「樺太への旅」を読みながら寝入ってしまった私は、過剰暖房のおかげでスマートフォンのアラームに起こされることもなく、かつての国境である北緯五〇度線を通過する前に目覚めることができたのだった。

寝台急行は快調に走っている。向かいの寝台の柘植青年は眠っているようだ。車両内はしんとしていて、走行音のほかには何も聞こえない。ほかのコンパートメントの乗客たちも眠っているのだろう。窓の外は漆黒の闇《やみ》で、灯《あか》りは見えない。

私の計算では、五〇度線を越えるのは、午前六時半から七時ごろである。まだ一時間ほどあるので、横になったまま「樺太への旅」の続きを読むことにした。

ツンドラの町・敷香

乗合自動車で走ること三時間。内路《ないろ》（現在のガステロ）の町を通り、乱伐採で無惨な姿をさらす森林を抜けて、芙美子は敷香に着く。

　敷香の町へは、やっと日暮れてはいりましたが、空は黄昏《たそがれ》の色なのに、私の時計は九時を指しています。薄暮の長いのは巴里《パリー》と同じ。豊原よりもまだ空気が澄んでいて、物売りの鈴の音が非常に美しい。町幅が広いのでまるで練兵場へ灯がついたような淋しさでした。新興都市だけに町も若く、宿へ着くまでの家並は、どの家の木口も新らしく、また建築中の囲いのあるもののもめだちます。

（同前）

敷香は、ソ連領内に源流を発する国際河川・幌内川《ほろないがわ》の河口に位置し、もともとは漁業と林業の小さな町だった。芙美子の九年前に樺太を旅した北原白秋は、船でここを訪れたが、上陸しての印象を「かなりの寒村」とし、こう記している。

　部落はたいした町家並にもなっていなかった。どの家も平家で、半ばはお粗末なバラック風であった。露領時代の名残も見えた。草もぼうぼう繁っていた。

（『フレップ・トリップ』より）

　白秋が訪れた当時は産業というほどのものがなく、「内路、敷香以北は人間のすむところではなく、熊や大山猫や大鷲などが捕へられる所とのみ思はれて居た」（『日本地理大系10　北海

ポロナイスク（敷香）の町を流れるポロナイ（幌内）川

道・樺太篇』）というが、一九三二（昭和七）年に王子製紙が全額出資して日本人絹パルプが設立されたことから、工業都市として発展を始める。芙美子が敷香を訪れたときはその工場が建設中だった（翌年竣工《しゅんこう》）。

　工場が稼働を始めると人口も増え、大河の河口の港町という地の利もあって、昭和十年代には樺太東海岸北部の代表的な都市となった。芙美子の文章にある「練兵場」という比喩からは、平らで広々とした土地に新しく作られつつあった敷香の町の、整然としてどこか人工的な雰囲気が伝わってくる。

　敷香はツンドラの上に砂利と砂を敷き、土地を改良して作られた町である。神沢利子さんの『流れのほとり』には、幌内川を流れているのは「たばこを浸《ひた》したように赭《あか》く濁《にご》った水」で、それを「ツンドラ水」と呼んでいたことが書かれている。当時の日本人にとっては日本領の中にツンドラ地帯があることが珍しく、「ツンドラ観光」という言葉もあったほどだった。

芙美子が敷香にやってきたのは、ここを拠点に、約一〇〇キロ北の国境を見に行くためである。

国境標石があったのは半田《はんだ》沢《さわ》（現在のハンダサ）というところで、芙美子が乗合自動車で敷香に来る途中に通った内路から半田沢まで、軍用道路が通じていた。もともとはロシアの流刑囚が切り開いた道で、国境線を越えて北へ続いており、最終的にはソ連領の西海岸の町アレクサンドロフスク・サハリンスキーに至る。

国境見物にやってくる人の多くは、自動車（冬季は馬《ば》橇《そり》）を敷香で雇って半田沢の国境標石を目指した。

芙美子もそのつもりで敷香に来たはずなのだが、「樺太への旅」を読み進めていくと、意外な展開になっていた。芙美子は結局、国境には行かなかったのである。

宣伝文句は「樺太アマゾン」

「樺太への旅」は、旅先から知人に出した手紙の体裁をとっている。敷香に着いた日には「明日私は国境へ行ってみるつもりです」と記しているのに、翌朝はそれが一転する。

翌日は、樺太に来て初めての晴天だった。「樺太への旅」には、「肌に吹く風は北国の春風らしく、ツンドラ地帯を吹いて来る風だけに、何か烈《はげ》しいものを感じます」とあり、そのあと唐突に、「私は国境行きを変更して、オタスの森の土人部落へ行く事にしました」と書かれている。変更の理由は、「国境行きはまだ交通が不便なので、ハイヤで七拾円位だそうです。安くても六拾円くらいだとの事で、五、六人の同行の士をもとめるにはなかなかめんどうです」とある。

文中の「オタスの森」（現在は「オタスの杜《もり》」と表記されることが多い）とは、一九二六（大正十五）年から一九二七（昭和二）年にかけて敷香の郊外に作られた先住民族の指定居住地で、二十七万坪の敷地に、ウィルタ（オロッコ）、ニブフ（ギリヤーク）、ウリチ（サンダー）、エヴェンキ（キーリン）、サハ（ヤクート）の人々が暮らしていた。

これらの先住民族は、もともと狩猟や漁労、馴鹿《じゅんろく》（トナカイ）の放牧などを行いながら移動式の住居で暮らしていたが、日本政府はかれらの歴史や文化を無視して定住政策をとった。国境など存在しない世界に生きていた人々は、あとから島にやって来たロシア人と日本人によって人為的に引かれた線のために、同じ民族が南北に分かれて暮らすことを余儀なくされたのである。

寝台急行の中でこの部分を読んだとき、そうか、芙美子はオタスの杜に行ったのかと思った。サハリンに来る前に古書店で見つけた資料の中に、一九三七（昭和十二）年に社団法人ジャパン・ツーリスト・ビューロー（日本旅行協会）が発行した『ツーリスト案内叢書《そうしょ》　第一輯《しゅう》北海道・樺太地方』という冊子があった。旅に持っていくための小ぶりな旅行ガイドである。その「敷香」のページに次のような記述があったのだ（漢字は新字体に改めた）。

国際河川として樺太アマゾンの称があり、また水郷の情趣に富む幌内河を発動機船にて対岸に渡れば（往復三〇銭但《ただし》午後六時以後は五〇銭）、そこに落葉松《からまつ》や白樺《しらかば》茂る「オタス」の森がある。此処《ここ》に一望涯《はて》なきツンドラ地帯（蘇苔《ママ》類の堆積《たいせき》層）に灌木《かんぼく》茂つて自然の公園的風致を見せて居る所でオロッコ、ツングース其《その》他の旧土人が樺太庁の保護の許《もと》に安らかな生活を営んで居る所である。

薄い冊子なので、出発前、全ページに目を通したのだが、この部分を読んだとき、「樺太アマゾン」という語に「えっ!?」と思った。おそらく国際河川の代表格ということで持ち出してきたのだろうし、流域に先住民が暮らしているという共通点も意識したのかもしれないが、ツンドラ地帯の川をアマゾンにたとえるのは、いくら何でも強引だろう。

当時、幌内川は本当にそう称されていたのか。旅行会社の案内書なので、宣伝文句として編集部が考えたのではないか——。そんな疑惑を抱いたので、オタスの杜のことが印象に残っていたのだ。

この冊子で「樺太庁の保護」「安らかな生活」という言葉が使われているように、当時のオタスの杜は、まるで楽園のように喧伝《けんでん》されていた。だが実際には、先住民族が暮らしていた土地を自国の領土にして開発し、その結果住むところを失ったかれらを一か所に集めて、それぞれがもつ歴史や文化とかけ離れた生活を強いたというのが実情だった。

オタスの杜のことは、『流れのほとり』にも出てくるし、二〇一六年に亡くなった作家・津《つ》島佑子《しまゆうこ》の『ジャッカ・ドフニ　海の記憶の物語』の中でも語られている。

芙美子は予定を変更して、このオタスの杜に行くことにしたわけである。オタスの杜は一般に開放されており、旅行案内に載っていることからわかるように、当時の樺太の観光スポットのひとつだったので、行くこと自体は不自然ではない。だが簡単に国境行きをあきらめてしまったのは、ちょっと不自然な感じがする。

ハイヤーの代金が高く、一緒に乗ってくれる人を探すのは面倒だったからだというが、列車と自動車を乗りついで、日帰りで国境に行ける敷香まではるばるやって来たのに、いったいなぜここで断念してしまったのか。

地続きの国境が持つ意味

このとき芙美子は朝日新聞の記者と一緒だった。その人物は社用で来たので国境には行けないと残念がったとのことだが、彼に協力してもらって同行者を探すこともできたはずだし、もし見つからなくても当時の芙美子はすでに流行作家で、金を惜しむ必要があったとも思えない。

自分がいま乗っている寝台急行がもうすぐ五〇度線を通過することもあって、私は芙美子が国境行きをあきらめたことが気になった。何か事情があったのだろうかと、あれこれ考えているときに思い出したのが、豊原で、中野署にいたという巡査に無礼な態度をとられたエピソードである。

すでに書いたように、豊原での巡査とのやりとりで芙美子は泣き出し、樺太に来たばかりだというのに北海道に戻ろうかと思ったという。単に横柄な態度に傷ついただけなら、ずいぶん過敏な反応である。だが、共産党がらみの容疑で勾留《こうりゅう》されてから一年もたっていなかった芙美子が、自分がいまも警察から目をつけられていて、樺太でも監視されているのではないかと思ってショックを受けたと考えれば不自然ではない。

芙美子が中野署に勾留されたのはこの前年、一九三三（昭和八）年の九月だが、その半年前の二月には、『蟹《かに》工船』で知られる小林多喜二《こばやしたきじ》が勾引《こういん》され、築地《つきじ》署で虐殺されている。その後、はげしい弾圧によって組織的なプロレタリア文化運動は壊滅に追い込まれた。芙美子が樺太を旅したのはそういう時期だったのだ。

豊原での巡査との場面で、芙美子は、「まるで被告あつかいにされた」と書いている。敷香に着いた彼女は、そんな自分が国境付近に行けば、あらぬ疑いをかけられると警戒したのかもしれない。それはあながち被害妄想とはいえず、ソ連との国境の島にやってきた著名な作家の行動を、現地の警察がチェックしていたことは十分に考えられる。

これはあくまでも、暑すぎる寝台急行の中で思いついた仮説にすぎない。だが、まもなく五〇度線を越えようとしている列車の中で、芙美子に予定を変更させたものについて思いをめぐらせていると、国境というものの重さについて考えざるを得なかった。地上に国境があるということは、そこを踏み越えて越境できるということなのだ。

……と、そこまで考えた私は、戦時中、徒歩で国境を越えてソ連に亡命したカップルがいたことを思い出した。有名女優の恋の逃避行——そう、岡田嘉子《おかだよしこ》だ。あれは満洲《まんしゅう》？　いや、たしか樺太ではなかったか。

私は、向かい合った二台の寝台の間の小テーブルの上に載っている海外用のＷｉ－Ｆｉルーターのスイッチをオンにした。柘植青年が成田《なりた》空港で借りてくれたものである。この逃避行について、詳しいことをスマートフォンで検索しようと思ったのだ。

乗車してしばらく走ったころにスマートフォンでメールチェックをしたので、車内でインターネットを使えることはわかっていたが、あれからだいぶ北上し、森林地帯に入っている。はたしていまも通じているか少々不安だったが、画面にはしっかりＷｉ－Ｆｉのマークがあらわれた。すごい時代になったものである。

「岡田嘉子　国境」で検索すると、亡命事件について記したページがいくつもヒットした。やはりあれは樺太だった。しかも敷香から国境に向かっている。芙美子の旅の三年半後、一九三八（昭和十三）年の正月のことで、当時、嘉子は三五歳。相手の男性は、杉本良吉《すぎもとりょうきち》という五歳下の演出家だった。

杉本は既婚者だったが、舞台の仕事で知り合った嘉子と恋愛関係になる。共産党員だった杉本は、過去にも党の任務を帯びて小樽《おたる》から船でソ連へ入国しようとして失敗したことがあった。日中戦争が始まった一九三七（昭和十二）年の暮れ、杉本は嘉子とともにソ連へ亡命することを決意し、樺太に渡ったのだった。

一二月二七日に上野駅を出発、三〇日に樺太に入り、豊原で一泊して大晦日《おおみそか》に敷香に向かった（このときは敷香まで鉄道が開通していた）。

敷香では山形屋旅館に宿泊し、一月一日はオタスの杜の見物に出かけている。二日、国境警備隊を慰問するという名目で、まず乗合自動車で保恵（現在のブユークルイ）というところまで行き、馬橇に乗り換えて気屯《けとん》（同スミルノフ）に到着した。そこで一泊し、翌日に国境警備隊を訪れて慰問の言葉を述べた帰りに、半田沢で国境標識を見物すると言って橇を降り、そのまま徒歩で越境したという。

ソ連領内に入った二人は、スパイの嫌疑で捕らえられて裁判にかけられ、杉本は銃殺刑、嘉子は自由剝奪《はくだつ》十年の刑を受けた。嘉子は一九四七（昭和二十二）年に釈放され、そのままソ連で暮らす。その後、一九七二（昭和四十七）年に帰国したものの、一九八六（昭和六十一）年にはソ連に戻り、モスクワで八十九年の生涯を終えた。まるで映画のような話だが、本当に起きたことである。

帰国していた期間に何度かテレビ出演した嘉子の姿を見たことがあったような気がする。どんな人だったっけ……？　と思って画像検索してみたら、ゆたかな銀髪に大ぶりの眼鏡をかけた美しい老婦人の写真があらわれた。

時計を見ると六時半を少し過ぎている。私の乗った寝台急行も、そろそろ国境地帯に入るころだった。

五　北緯五〇度線の向こう

旧国境は闇の中

かつての国境をいつ越えたのか、正確にはわからない。午前六時半から七時くらいの間に北緯五〇度線を通過したはずだが、七時を過ぎても窓の外はまだ真っ暗だった。

旧国境をはさんだ二つの駅は、南側がユジノハンダサ、北側がオーナル。ともに戦後になってソ連が設置した駅で、私たちの乗っている寝台急行は停まらない。せめて駅舎の灯《あか》りが見えないかと、窓の外に目をこらしたが、ひたすら闇《やみ》が続くだけだった。

この旅の十か月後、私はもう一度サハリンに行くことになる。そのとき車で訪れたコルサコフ（樺太時代の大泊《おおどまり》）駅とドーリンスク（同落合《おちあい》）駅は、列車が来る時間以外は、昼間でも駅舎のドアに鍵《かぎ》がかかっていて中に入ることができなかった。コルサコフは旅客こそ少ないがサハ

リンの玄関口であり、ドーリンスクは急行停車駅である。それよりずっと田舎の駅に、夜間、灯りがついていなかったのは当然のことなのだろう。時刻表を確認したところ、両駅とも一日に上下線各一本ずつしか列車が停まらないことがわかった。

五〇度線を越えて最初の駅であるティモフスクに着いたのは午前七時五十六分。外はまだ暗い。ここで十五分ほど停車し、数人が降りていった。

かつての国境を越えたという安心感（といっても何も見えなかったが）からか、私はふたたび眠りに落ちた。目覚めると九時過ぎで、外はようやく明るくなっていた。ノグリキ到着まで一時間と少し。起き出してベッドの上で身支度をした。

車両にシャワーはないので、自宅の非常用持ち出し袋から出してきた大判の「からだふきシート」で、暖房地獄で汗だくになった顔と身体を拭《ふ》く。洗面所もないので、歯磨きはトイレの中の小さな手洗いボウルですませた。

向かいのベッドの柘植青年も起き出してきたので、車両ごとに備えつけられているサモワール（給湯器）のところへ行き、日本から持ってきたカセットコーヒーを淹《い》れた。自分の分は、ネットで読んだシベリア鉄道乗車記に「ひとつ持って行くと何かと便利」と書かれていた、アウトドア用の金属製マグカップに注ぐ。柘植青年に「カップか何か持ってきた？」と訊《き》くと、いいえというので、こんなときのためにとダッフルバッグに入れてきた紙コップを出して注いだ。

向かい合った寝台の間にある小テーブルでコーヒーを飲む。窓の外は白樺《しらかば》の林である。すらりとした白い幹が並び、地面には雪が積もっている。ユジノサハリンスクではずっと雨かみぞれだったが、この日は青空が見えていた。

朝食がわりに、前日にユジノサハリンスクのコンビニ風の店で買っておいたバナナを取り出し、柘植青年にも一本すすめた。続いて桃のシロップ漬けを出す。東京のスーパーで買ってきた「はごろも 甘みあっさり 白桃」で、いま風にパウチ容器に入っているが、中身は昔ながらの桃の缶詰である。プラスチックのフォークと一緒に手渡すと、柘植青年は「な、何でもあるんですね……」と言って、寝ぼけ眼《まなこ》を見開いた。

「昨日のナイロンロープといい、ガムテープといい……なんか、ドラえもんのポケットみたいっすね」

柘植青年はたしか、三〇歳をちょっと出たくらいの歳のはずだ。その年代の頃の私は、冬場のトルコ二週間の旅を、飛行機内持ち込みOKの小さなキャリーバッグ一つですませたほど荷物が少なかった。だが歳をとるにつれて、心配性で用意周到な母のDNAが目覚めたようで、あらゆる不測の事態に備え、こまごましたモノをバッグにつめて旅をするようになった。

本当を言うと、カップスープと、甘いものが欲しくなったときのための「フジッコ　おまめさん　きんとき」の小パックも持ってきていたのだが、さすがに出すのはやめておいた。

樺太ツンドラの謎

柘植青年はコーヒーをすすりながら窓の外の白樺林を眺めている。

「いいっすねー、ロシアって感じっすねー」

長崎出身の彼は感動の面持ちだが、北海道育ちの私には見慣れた景色である。

「いや、私の実家のまわりもこんな感じの林だよ。ときどきキタキツネとかが出てきてさ……」

と言いかけて、「あれ?」と思った。なぜこんな立派な林があるのか、ツンドラはどこへいったのか、と。

通り過ぎてきたかつての敷香はツンドラの町だった。ツンドラ水にツンドラ饅頭《まんじゅう》、当時の旅行ガイドには「一望涯《はて》なきツンドラ地帯」とも書いてある。そこよりさらに北にあるのだから、ここだってツンドラ地帯のはずではないか。

ツンドラ（永久凍土）とは、地下が一年中凍結していて、地表には夏の間だけ地衣類やコケ類、灌木《かんぼく》などが生える土地のことだ。子供のころから地理が好きだった私は、一生に一度は見てみたいと思っていた。

淡い緑色の平原に灌木の茂みが点在し、トナカイが駆けている——それが私のツンドラのイメージである。冬なら見渡す限りの氷原で、そこにもやはりトナカイがいる。私の愛唱歌である「さらばシベリア鉄道」の歌詞にも〈涙さえも凍りつく白い氷原〉〈雪に迷うトナカイの哀しい瞳《ひとみ》〉などとあるではないか。私が求めていたツンドラは、あれである。

だが、窓の外には白樺林が続いている。地理の教科書に出てきたツンドラとはどう見ても一致しない。いったいどういうことなのか——。

そう私が力説しても、ツンドラにロマンを感じたことなどないであろう柘植青年は、「?」という顔をしている。

日本に帰ってから調べてわかったことだが、「樺太ツンドラ」は、低温で排水が悪く、枯死した植物がそのまま堆積《たいせき》してできる泥炭地で、シベリア北部などにある「極地ツンドラ」とは違うという。

帝政ロシア時代、大陸からサハリンにやってきたロシア人は、この泥炭地の様子がシベリアのツンドラと似ていたことからツンドラと呼ぶようになり、のちに日本人の入植者たちもそう呼んだということらしい。

そんなことは知るよしもなかった私は、氷原とトナカイを探して窓の外に目をこらしたが、どこまでも白樺林が続くだけだった。その景色はノグリキに着いても変わらず、白樺やその他の樹（トドマツの一種と思われる）がちゃんと生えていた。野犬はたくさん見かけたが、あこがれのトナカイに遭遇することはついになかった。

ノグリキ到着

ノグリキは北緯五一・八度、オホーツク海に注ぐトゥイミ川の河口に開けた町で、漁業と林業で栄えてきた。町の南部のカタングリは古くからの油田地帯だが、近年さらに石油と天然ガスの資源開発が進み、また、サハリン沖の大陸棚での大規模な天然ガス開発の拠点にもなっている。

ユジノサハリンスクから十一時間四十三分の旅を終え、午前十時二十五分、列車はノグリキ駅に着いた。気温はマイナス八度。暖房地獄を耐えた身に、冷たい空気が心地よかった。

到着すると、乗客に続いて運転士も車掌も駅員も駅舎に入ってしまい、ホームには誰もいなくなったので、ユジノサハリンスク駅では遠慮した写真を、心おきなく撮ることができた。

満足して駅舎に入ると、柘植青年が、ひげを生やした男性と一緒にいた。ノグリキを案内してくれるドライバーのアンドレイさんである。町の中を見て回るだけならバスでもよかったのだが、ノグリキまでやってきた目的のひとつが廃線跡を見に行くことだったので、旅行会社を介して車とドライバーを手配しておいたのだ。

アンドレイさんは、剃《そ》り上げた頭にサングラスの、小柄だがワイルドな感じのおじさんである。一見コワモテ風だが、サングラスの奥の目には茶目っ気があり、陽気な調子であれこれ話しかけてくる。すべてロシア語なので、私たちにはまったく理解できないのだが、そんなこと

ノグリキ駅のホーム。停車しているのは私たちの乗ってきた寝台急行

は意に介さない。

　最初は少しとまどったものの、あたりの景色を指さしては表情豊かに説明する彼を見ていると、何となくわかったような気分になってくる。

　ノグリキには日本語はもとより、英語のできるガイドやドライバーはいないと聞いていた。観光客が来るところではないので、まあ当然だろう。

　ちなみにサハリンでは、州都であるユジノサハリンスクでも、英語はまったくといっていいほど通じない。レストランも商店も駅の窓口もすべてロシア語のみ。ホテルも中級クラス以下では英語を話せるスタッフはまずいない。柘植青年は英語が堪能《たんのう》なのだが、残念ながらその能力を生かせる場面はほとんどなかった。

　ノグリキ駅の駅舎は、白とグレーを組み合わせたモダンな建物だった。外壁はガラスが多用されていて、朝の日射しを跳ね返している。空を見上げると、雲はすべて消えて、まぶしい晴天が広がっていた。

駅前には駐車場とバス停があるだけで商店などはない。町の中心部は駅から離れていて、車で五、六分かかる。私と柘植青年は、アンドレイさんの白いワゴン車に乗り込んだ。リアウィンドーに虎を描いた黒いカッティングシートが貼られているのがちょっとヤンキーっぽい。

私がノグリキでもっとも行きたかったのは、いまはなき軽便鉄道の廃線跡である。かつて、ノグリキよりさらに北のオハという町まで、軌間七五〇ミリの軽便鉄道であるオハ鉄道が走っていたのだ。

起点はノグリキの南東約一四キロにあるカタングリ。全長は二四五キロで、数本の支線があった。一九九〇年代から部分的に廃線になり、現在では全線が廃止されている。

オハまでは、バスで片道六時間かかるとガイドブックに書かれている。私たちが乗る帰りの列車は午後四時四十四分発で、ノグリキの滞在時間は六時間半ほど。オハまで行って帰ってくるのは無理だし、すでに雪が積もっていることもあって本格的な廃線探索はできない。だが、ノグリキの町の比較的近くで廃線跡を見られるところがあれば、ぜひ行ってみたいと思っていた。

外国で廃線巡りをするのは初めてである。しかも、この先もう二度と来ないであろう北の果てだ。私はこの機会を逃してはならないと、『地球の歩き方』のノグリキのページを開き、そこに載っているオハ鉄道の廃線の小さな写真（枕木だけが残る線路の跡）を示して懸命に説明した。ロシア語は「ダー（はい）」「ニェット（いいえ）」「スパシーバ（ありがとう）」「ハラショ

（すばらしい）」の四つしか知らないので、日本語である。

彼は、わかったわかった、というように笑顔で頷《うなず》いた。自信に満ちた表情だったが、本当にわかっているのか確認するすべはない。

私は運転免許を持たないので、ふだんの廃線探索は基本的に徒歩だが、トンネルや橋などの遺構があるポイントが山の中だったり、長時間歩かなければならなかったりする場合は、タクシーのお世話になる。そんなとき運転手さんに「この峠の向こうに、天井に蒸気機関車の煤《すす》が残る、フランス積み煉瓦《れんが》のトンネルがあるんです！」とか「この川の上流に、明治時代の鉄道橋の橋脚が残っているんです！」などと熱く語っても、「ああ、そこなら知ってるよ」と言ってもらえることはまずないし、地図を見せても、正しく連れて行ってもらえる確率は低い。普通の人は廃線跡なんかに興味はないのである。

言葉の通じる日本国内でさえそうなのだから、アンドレイさんにこちらの意図が伝わっているか心配だった。残る望みは彼が廃線ファンであることだが、その確率は天文学的な低さと言わざるを得ない。

ノグリキのドライバー、アンドレイさん

レーニンと記念撮影

車はノグリキのメインストリートであるソビエト通りを抜け、まずはノグリキ市立郷土博物館に向かった。ここはノグリキで唯一の観光スポットらしく、東京の旅行会社で日程を決める際、担当のA氏は現地に電話を入れて、私たちが行く日が休館日ではないことを確認してくれた。

「もし休みだったら悲惨ですからねえ。ノグリキでは、ほかにこれといって見るところはありませんから」とA氏。

「あまり人が来ないので、定休日でなくても閉まっていることがあるんですが、この日に日本からお客が行くと言っておきましたから、大丈夫です」

『地球の歩き方』には、先住民に関する展示を中心とする博物館だとある。とにかく必見の場所らしいので、廃線探索の前に行くことにした。

白い壁に青い屋根のきれいな教会や、大きなスーパーマーケットのあるソビエト通りも、中心部を少し離れると、木造の素朴な家が点在する景色になる。郊外に抜ける直前といったあたりに博物館はあった。レモン色の壁に赤い屋根。駅舎もそうだったが、北海道でもよく見かける、雪に強いつるんとした感じの新建材が使われたシンプルな建物である。

受付にいたのはセーターにジーンズ姿の男性で、年齢は四〇歳くらいだろうか。見学者は私たちだけで、彼がつきっきりで案内してくれた。名前はユーリさんという。

館内には、ノグリキ周辺に多く住んでいたニブフ（ギリヤーク）を中心に、ウィルタ（オロッコ）、アイヌなどの人々の生活用品や衣服、狩猟や祭祀《さいし》の道具などが並んでいる。

一歩足を踏み入れただけで展示の質の高さがわかった。数も多いし、保存状態もいい。民族ごとの特徴が理解できるよう工夫されていて、ニブフとアイヌの家屋を比較する模型などもあった。

展示室の一角には、美しいツノをもつトナカイの剝製《はくせい》が、かつて引いていた橇《そり》と一緒に展示されていた。私は憧《あこが》れのトナカイとようやくここで邂逅《かいこう》することができたのだった。現在では見ることができないが、かつては旧国境地帯から北にはトナカイがおり、ウィルタの人たちが飼っていた。トナカイを日本語では「馴鹿《じゅんろく》」というが、その名の通り、人間に馴《な》れやすく、家畜に向いてるという。あとで調べてわかったことだが、ソ連時代にはサハリン北部に、トナカイを飼育するコルホーズ（集団農場）があったそうだ。

展示は充実しているが、残念ながら解説板の文章はロシア語のみである。ユーリさんもロシア語しか話さない。だが彼には強力な武器があった。スマートフォンの翻訳アプリである。ロシア語で入力し、英語に変

翻訳アプリを駆使して説明するユーリさん

換して私たちに見せるのだ。

ユーリさんはアンドレイさんと違って、相手にわからないロシア語でしゃべりまくったりはしない。学芸員（たぶん）である彼は、アバウトな楽観主義者であるアンドレイさんとは対照的に、何ごとにも正確を期するタイプであるらしく、すべての対話はスマホを介した文字でのやりとりで行われた。こちらも無言のまま、ときおり「理解してますよ」という印に軽く頷いたり、展示に感銘をうけたことを示すために腕組みをしてうーむとうなったりしながら展示室内を回った。

ユーリさんのおかげで展示内容を理解することができ、翻訳アプリがあってよかった！　と心から思ったが、この方法の欠点は、ものすごく時間がかかることである。

ユーリさんに勧められて巨大な熊の剝製と並んで立ったり、オットセイだかトドだかの牙《きば》を持って写真に収まったりしながら、私は内心、焦《じ》れはじめていた。もう一時間以上もひとつの展示室にいる。館内は広く、ほかにも展示室がありそうである。

これって、何時ぐらいに終わるんだろう。廃線跡を回る時間が足りなくなったりしないだろうか――。申し訳ないと思いつつ、だんだん不安になっていく。

だが、続くいくつかの展示室は写真パネルが中心で規模も小さく、内心ほっとした。順調に見学は進み、最後に入ったのは、戦後のソ連時代のものとおぼしき家具や電化製品が並ぶ小部屋だった。

いったん部屋を出て行ったユーリさんが、金糸で刺繡《ししゆう》がほどこされた赤い布を持って戻ってきた。繻子《しゆす》のような光沢があり、旗のようにも、大きめのペナントのようにも見える。

私たちの方に差し出すようにして見せてくれたので、柘植青年が受け取ろうとすると、だめ、だめ、というように手で制された。「?」と思っていると、白い手袋を渡された。柘植青年がそれをはめると、ようやくその布を持たせてくれた。

改めて見ると、上下に文字があり、その間に、男性の横顔が描かれている。禿《は》げ上がった頭、鼻の下と顎《あご》のひげ——かのレーニンである。その横には、工場と戦車の絵。文字の方は読めないが、ソ連時代の、おそらくはロシア革命に関係のあるものだということはわかった。

私たちがサハリンを旅したのは、二〇一七年の一一月である。つまりちょうどロシア革命百年の時期（革命の発端となったペトログラードでの武装蜂起《ほうき》は、現在の暦では一一月七日に当たる）で、ノグリキに来る前にユジノサハリンスクで見学したサハリン州立郷土博物館でも、革命関連の特別展示室が設けられていた。ロシアでは革命を見直す気運が高まっているようで、レーニンの再評価の動きもあるらしい。ソ連時代の家庭を再現したこの展示室も、そうした流れの一環なのだろうか。

ユーリさんは身振りで、壁の前に立てという。そのとき気づいたのだが、背後の壁には房飾りのついた巨大な赤い旗が広げて貼られており、そこにも金色の文字とレーニンの横顔が刺繍されているのだった。

ユーリさんは、その旗をバックに、白手袋をして旗（あるいはペナント）を持つ柘植青年と、横に立つ私の写真を撮った。

顔はカメラの方に向けたまま、柘植青年が不安そうな声でささやいた。

「まさかとは思いますが、この写真が政治利用されるってことはないですよね……」

六　廃線探索と鉱山王

国境の島、最果ての町

ノグリキの博物館を出た私と柘植青年は、駐車場で待っていたアンドレイさんの車に乗り込んだ。ようやく廃線探索に出発できると胸を高鳴らせている私の横で、柘植青年は無言である。もしかすると、博物館でレーニンの肖像が描かれた赤い旗を持たされ、写真を撮られたことを気にしているのだろうか。

たしかに私も、少し不審に思わないでもなかった。博物館員のユーリさんは、先住民の貴重な展示物が並ぶメインの展示室では翻訳アプリを使って説明するだけだったのに、最後の小部屋に入るなり、例の旗をどこからか持ってきて柘植青年に渡し、隣に私を並ばせて写真を撮ったのだ。

そのとき栢植青年が「まさかとは思いますが、この写真が政治利用されるってことはないですよね……」と不安そうな声で私にささやいたことはすでに書いた。本書は『本の旅人』および『小説 野性時代』に連載した旅行記がもとになっているが、そのゲラ（校正刷り）のやりとりをしていたとき、栢植青年にＬＩＮＥで「あのときアナタ、びびってたよね。白手袋とかさせられてさ……」とメッセージを送ると「あれはちょっと怖かったです」と返事が来た。

ちなみに私がＬＩＮＥを始めたのはサハリン取材のためで、現地で栢植青年と別行動をする際、連絡を取り合うのに便利だと思ったからだ。日本の家族や仕事先とも無料でやりとりができるし、と。

だが、いざサハリンに到着すると、ＬＩＮＥはまったく通じなかった。帰国してから調べたら、ロシアでは近年、政府によるＳＮＳの規制が強まり、二〇一七年五月からＬＩＮＥが使えなくなったのだという。

このときのサハリン取材は二〇一七年の一一月だった。翌二〇一八年の九月、再度サハリンに行ったのだが、やはり使えず、同じ飛行機で乗り合わせた日本人の女性がユジノサハリンスクの空港で、「うそー、ＬＩＮＥ通じない！」と悲鳴のような声をあげていた。普通の通話にするかショートメールでやりとりするしかないですよ、と言ったら、普段からＬＩＮＥしか使っていないので、相手の電話番号もアドレスもスマホに登録していないという。ロシアに行く人は気をつけたほうがいいかもしれない。

サハリンでは使えなかったＬＩＮＥだが、帰国してからは活用している。ただし相手は家族や友人だけで、仕事には使っていない。唯一の例外が柘植青年で、サハリンに行く前に友だち登録をしたので、帰国してからずっと、込み入った用事でない限り、連絡はＬＩＮＥで行っているのだ。

博物館で写真を撮られたときのことを「ちょっと怖かったです」と返信してきた柘植青年に、「何が？」と訊《き》いたら、「たとえばネットとかに上げられて、アカ狩りされるんじゃないか、みたいな」という答えが返ってきた。

「いま思うと笑い話で、自分でもどうしてそんなズレたことを思ったのか謎ですが……」

思わず爆笑し、「アカ狩りっていつの時代だよ！」とツッコミを入れた私だが、思い返せば、私たちが案内された小部屋――ソ連時代の電化製品が並び、壁にレーニンの肖像が描かれた巨大な旗が貼られている――は、何というか、ちょっと妙な場所だった。

それまでの展示室と違って天井が低く、スペースも狭い。たぶん、ロシア革命百年に関係のある展示だったと思うのだが、冷蔵庫の隣にステレオがあったりと、脈絡なく家財道具が並んでいるのも変な感じがした。どちらかというとシャイな印象だったユーリさんが、あの部屋では急に積極的になったように見えたのも気になった。

そんなこんなで微妙な違和感があり、二人とも、何となく落ち着かなかった。柘植青年が「ズレたこと」を考えてしまったのもそのせいかもしれない。

いま思えば考えすぎなのだが、考えすぎてしまった理由は、もともと私たちが少し緊張していたせいもあると思われる。

ノグリキはサハリン鉄道の終着駅で、いわば最果ての町である。日本語はもちろん英語もまったく通じない中で、ガイドもおらず、まともな地図も持たないまま行動している心細さも影響していたのだろう（ちなみに日本で発行された地図は持っていかないようにと旅行会社から言われていた。北方領土が日本の領土として記されているため持ち込みが禁止されているのだという。なんにせよ、日本で入手できる地図でノグリキ付近の詳しい地理がわかるはずはないが）。

それに何といってもサハリンは国境の島である。空港の入国審査では、私たちの前に五、六人しか並んでいなかったのに、やたらと時間がかかり、一時間以上待つことになった。ユジノサハリンスク駅では、切符を買う窓口の列がいつまでたっても短くならないと思ったら、全員がパスポートを提出し、窓口の人が長い時間をかけてチェックしていた。サハリンは島全体が一つの州なのだが、現地に住むロシア人が州内を鉄道で移動する際も、一定以上の距離であればパスポートの提示が義務づけられているという。二度目にサハリンに行ったときにそのことを知り、そういうわけで駅に自動券売機が一台もなかったのか、と合点がいった。

国防上の重要地帯であるため、ソ連時代には、国民も自由にサハリンに入ることはできず、サハリンの住民が大陸に行くことも厳しく制限されていた。ガイドのエレーナさんによれば、ソ連時代は隣町に行くバスも、途中で停められて検問されたそうだ。

私の世代だと、サハリンと聞いて忘れることができないのは、一九八三年九月に大韓航空機がソ連の領空を侵犯したとして、ソ連防空軍の戦闘機によって撃墜された事件である。その場所は、宗谷《そうや》海峡に向かって突き出しているクリリオンスキー半島の沖にあるモネロン島（海馬《かいば》島《とう》）付近だった。

ノグリキに来る前に二泊したユジノサハリンスクは、広い街路に並木が続く美しい街で、中心部には洒落《しゃれ》たカフェや、成城石井のサハリン版といった感じの高級スーパーもあった。出会った人もみんなフレンドリーだったが、それでも、ここはいままで旅をした場所とはどうも違うようだという感じが柘植青年にも私にも少なからずあった。

英語の堪能《たんのう》な柘植青年はこれまでいろいろな国に行っており、海外での取材にも慣れている。私も単身で海外取材をした経験が何度かあるが、二人ともロシアはこれが初めてだった。とりわけサハリンは、一九九〇年代になるまで渡航することができず、いまも日本からの旅行者は少ないため、事前に情報を得ることがほとんどできなかったという事情がある。

それに、前にも書いたように、サハリン島の南半分は、現在も国際法上、帰属がさだまっていない土地である。近代史のいまだ解決されていない問題を抱えた場所であり、そうしたややこしさも、私たちをうっすら不安にさせた理由のひとつだったのかもしれない。

何となく不安な気持ちでいるとき、人間はその場を支配している相手の意をくみとった行動をしてしまうようで、ノグリキの博物館では私も柘植青年も、よくわからないままユーリさんのカメラに、つい笑顔でおさまってしまったのだった。

いまのところ、あの写真がネット上に出回っている気配もないし、アカ狩り（？）にもあっていない。あとはプリントされて例の奇妙な小部屋に展示されていないことを祈るのみである。

丘の上の石油タンク
博物館を出てアンドレイさんの車に乗ったところに話を戻そう。

オハ鉄道の廃線跡に行きたいという私の要望を、アンドレイさんが本当に理解してくれているのか不安に思った私は、ユジノサハリンスクにいるエレーナさんに電話をかけ、アンドレイさんと直接話をして確認してもらうことにした。

「大丈夫、オハ鉄道の跡、行ってくれます」

アンドレイさんと話したエレーナさんは、そう言った。

「あと、日本の石油タンクが残っているところがありますが、行きたいですか？　と言ってます」

場所はカタングリの郊外だという。エレーナさんによれば、そこでは一九二一年から一九二五年まで、日本が石油の採掘を行っていたそうだ。そちらを回っても帰りの列車には十分間に合うということなので、行ってもらうことにした。

一一月のノグリキはもう根雪になっていた。圧雪状態の道路を、アンドレイさんはかなりのスピードで飛ばしていく。まもなく人家は見えなくなり、林の中の一本道をひたすら進んだ。

十五分ほども走ったろうか、それまで平坦《へいたん》だった道がなだらかな上り坂になり、やがて低い丘の上に出た。木造の住宅や倉庫が点在していて、その中心に、ひらべったい円筒状の巨大な構造物が建っていた。てっぺんには鍋《なべ》の蓋《ふた》のような屋根が載っている。これが昔の石油タンクらしい。

長いこと使われていないと思われたが、廃墟《はいきょ》という感じはなく、威風堂々としていまも美しかった。金属製らしい壁面はきれいな赤銅色で、陽射しをはね返している。

強い風のせいか、タンクの周囲の雪の上には風紋ができていた。丘のすぐ下に湖があり、まばらな樹木を透かして水面が見える。そのはるか向こうには、オホーツク海が光っていた。

足首くらいまで積もった雪を踏み固めながら、タンクの周りを歩いてみた。二〇歳くらいの若者が壁にもたれて携帯電話で何か話している。そのほかに人の姿は見えなかった。

上ってきた道にはタイヤの跡があり、何軒かある住宅には人が住んでいるようだったが、見える範囲に石油の採掘場らしきものはない。日本人がこのあたりで石油を掘っていたのは一九二一年から一九二五年だとエレーナさんは言っていたから、百年近くも前のことだ。いまはもう採掘は行われていないのかもしれない。

……とそこまで考えて、あれっと思った。その時代、ここは「日本」ではなかったはずだ。なぜ日本人が石油を採掘していたのか。

ここであらためて、この島の領有の歴史を整理してみる。
①　一八五四（安政元）年　全島が日露両国の雑居地と定められる（「日露和親条約」）
②　一八七五（明治八）年　日本は樺太《からふと》を放棄し、千島《ちしま》列島を領有する（「樺太千島交換条約」）
③　一九〇五（明治三十八）年　北緯五〇度線を国境と定め、その南側が日本領となる（「ポーツマス条約」）

④　一九四五（昭和二十）年　ソ連が北緯五〇度線を越えて侵攻し、以降、実効支配

カタングリで日本人が石油を採掘していたという一九二一年から一九二五年までは、③の時期に当たる。ノグリキもカタングリも北緯五〇度より北にあるから、当時はソ連の領土だったはずだ。

　ではなぜ、ここに日本人が建てた石油タンクがあるのか。日本に帰り、この島の歴史についてあらためて調べて初めて、その謎が解けた。

サハリンで石油を掘った日本人

　一九一七年にロシア革命が起こると、日本は、武力干渉の目的で、フランス、イギリス、アメリカなどとともにシベリアに出兵した。その最中《さなか》の一九二〇年、間宮《まみや》海峡をはさんでサハリン島の対岸にあるアムール川河口の街・ニコラエフスク（尼港《にこう》）を占領していた日本軍に、ソビエト・パルチザンが攻撃を仕掛け、将兵と居留民が捕虜となった。日本側が反撃すると、パルチザン側は、三百五十一名の将兵と、副領事を含む三百八十三名の日本居留民を殺害し、市内を焼き払った（尼港事件）。

　国際的な非難を浴びたソビエト政府は事件の責任者を死刑にしたが、政府自体はこの事件に関係していないとの立場をとった。日本は対抗措置として、ソ連領である北サハリンに軍を派遣し、主要な地点を保障占領（相手国が一定の条件を履行するまで領地の一部を占領すること）した。

この占領は、日ソ基本条約が締結された一九二五年まで続いた。カタングリで日本が石油採掘をしたのは、この保障占領期だったのだ。

なるほどと納得したが、さらに調べると、日本が北サハリンで石油採掘を行ったのは、実はこの時期だけではないことがわかった。

石油技術協会（石油探鉱・開発に携わる技術者の団体）が発行する学術誌に掲載された論文（平林憲次《ひらばやしけんじ》「サハリンの陸上油田開発から陸棚開発プロジェクトに至る歴史」）によれば、一九一八年にすでに、日本は北サハリンに調査隊を派遣して油田の調査を行っている。保障占領が始まるよりも前のことである。

なぜこうした調査が可能だったかというと、この年、北サハリンで炭鉱経営を行っていたイワン・スタヘーエフ商会と、日本の久原《くはら》鉱業という会社の間で合弁事業の覚書が交わされたからだった。

ここで登場するのが大隈重信《おおくましげのぶ》である。平林氏の論文には、この合弁のきっかけは、「ロシア有数の会社であったイワン・スタヘーエフ商会が支配人を日本に派遣し、大隈重信侯爵に日露合弁石油事業の設立を申し出た」ことだったとある。大隈が久原鉱業との仲立ちをしたというわけだ。

この久原鉱業は日立製作所や日本鉱業などの基盤となった会社で、鉱山王の異名をとる久原《くはら》房之助《ふさのすけ》が経営していた。久原はのちに衆議院議員となり、政界のフィクサーと呼ばれることになる人物である。ちなみにロシアの歴史家M・S・ヴィソーコフ他が執筆した『サハリンの歴史』（北海道撮影社）には、イワン・スタヘーエフ商会は「いかがわしい会社」であり、日本は尼港事件が起こる前から北サハリンの石油に野心を持っていたと書かれている。

油田の調査から一年後の一九一九年、以前から石油事業を監督督励していた海軍省が、久原鉱業と三菱商事、大倉商事、日本石油、宝田石油の五社で、北辰会《ほくしん》という組合を作らせた。この組合が、イワン・スタヘーエフ商会と久原鉱業の間で交わされた契約を受け継ぐ。

さらに一九二三年、北辰会は三井鉱山と鈴木商店を加えて株式会社となった。翌一九二四年には、この会社がオハで生産した原油五四四〇トンが日本に搬入される。オハは、サハリンの北端の町で、私が廃線跡をたどろうとしていたオハ鉄道の終点である。

その翌年である一九二五年には、日本による北サハリンの保障占領が終わるのだが、石油の採掘は以後も続くことになる。

日ソ基本条約が締結されたあと、北サハリンの油田開発に関する利権契約が調印され、日本は石油と石炭の採掘権を確保した。一九二六年には北樺太石油株式会社が設立され、株式会社北辰会の事業を引き継ぐ。そして終戦前年の一九四四年に撤退するまで、探鉱と開発が続けられたのだ。

国境の北側のソ連領で、戦時中も日本の会社が石油採掘を行っていたとは知らなかった。中心となった鉱場は、オハ、カタングリ、ヌトウォで、一九四三年までにこの三鉱場で累計約二二五万トンの石油を産出した。年産量としては、当時の日本内地での産出量にほぼ匹敵していたという。

カタングリの丘の上で赤銅色のタンクを見上げていたときの私はそうした歴史を知らず、なぜ北サハリンに日本人が作った石油タンクがあるのか不思議に思いながら写真を撮った。

帰国後にインターネットで読んだ平林氏の論文には、かつて北樺太石油株式会社がオハに建設した石油タンクの写真が載っていた。円筒を輪切りにしたような平たい形状といい、鍋蓋のような屋根といい、私たちがカタングリの丘の上で見たタンクとまったく同じだった。

スターリンのトラス橋

アンドレイさんの車は私たちを乗せて丘を下った。五分も走らないうちに、平らな広い敷地の中をパイプが縦横に走っている場所に出た。現在も稼働しているカタングリの採掘場らしく、石油タンクもいくつか見える。丘の上のタンクと違い、まぶしいような銀色である。

道路と交差する部分のパイプは、歩道橋のように中空を渡してある。それをいくつかくぐったあと、アンドレイさんは車を停め、低く組まれたやぐらの上に私たちを案内した。

水をくむ井戸を大きくしたような穴があり、中に何本かのパイプが通っている。そのうちの一本に据えつけられたバルブをアンドレイさんがひねると、黒い液体が出てきた。

「これってもしかして……原油?」と驚く私に、柘植青年も「だと思います。初めて見ました」と興奮気味である。アンドレイさんはそんな私たちを見て、ちょっと得意げな顔でバルブを閉めた。

車はカタングリをあとにして、ノグリキ方面に戻る道を進む。途中でアンドレイさんは車を停め、数メートルの間隔をあけて植えられている二列の並木を指さした。いま走ってきた道路と交差するかたちで、両側ともはるか先まで続いている。

ロシア語で説明するアンドレイさん。「オハ」という言葉が聞きとれて、そうかと思った。これはオハ鉄道の廃線跡で、二列の並木の間を線路が走っていたのだ。まわりは樹木の生えていない平原なので、この並木は鉄道防風林として植えられたものなのかもしれない。

レールは残っていないが、そう思って見ると、廃線跡以外のなにものでもない。オハ鉄道の起点はカタングリだから、この近くに駅があったのではないだろうか。積雪があるので徒歩でたどることはできなかったが、雪原を横切る線路の跡がはっきりわかって満足した。

再び車に乗り、あらためてノグリキ方面に向かった。市街地を迂回《うかい》し、幹線道路から分岐する細い道に入っていく。アンドレイさんが車を停めるまで、前方に川が流れていることに気がつかなかった。そこに、小さな橋が架かっていることにも。

車を降りて川に近づくと、橋の全貌《ぜんぼう》が見えてきた。白く塗られたトラス橋である。少し錆《さび》が浮いている部分もあるが、晴れわたった冬空に映えて美しい。こんなにきれいな橋が残っているなんて、と感動してしまった。

アンドレイさんが、川の上流を指さした。見ると、眼の前のトラス橋と並行して古い木造の橋が架かっている。次にアンドレイさんは「スターリン！」と叫び、今度はトラス橋を指さす。そして雪の上に「1935」と書いた。この橋は一九三五年にスターリンによって新しく建設された、ということなのだろうか。アンドレイさんは説明を続けているが、私たちに聞き取れるのは「スターリン」だけである。

一九三五年は、すでに独裁権力を握っていたスターリンが、強力に工業化を進めていた頃である。オハ鉄道の木造の橋を、スターリンが鋼製のトラス橋に架け替えさせた、と栢植青年と私は解釈したのだが、はたしてそれで正しかったのかはわからない。

川岸に下りてトラス橋の全景をカメラに収め、車に戻った。ノグリキの市街地に入る前に、道路は大きな川を渡る。オホーツク海にそそぐトゥイミ川である。

この川に架かる橋の手前で、アンドレイさんはまた車を停めた。長い橋を徒歩で渡り始めた彼のあとをついていくと、右手にまたトラス橋が見えた。道路橋のすぐ隣に、並行して鉄道橋が架かっているのだ。さっきの橋よりずっと新しいが、これもオハ鉄道の橋で、いまはもう使われていない。

このとき手もとにあった地図は、ガイドブックに載っているノグリキ市街地の略図だけだったが、帰国してパソコンでグーグルマップを開いたら、航空写真に両方のトラス橋がはっきりと写っていた。オハ鉄道の線路が通っていた跡も、薄くはあるが、線となって見えている。

思いついて、今度はカタングリのあたりを見てみた。すると、名前の記されていない小さな湖の西側に、あの赤銅色の石油タンクが写っているではないか！

百年近く前の日本人が最果ての地につくりあげた巨大な建造物を、東京の仕事部屋から見下ろしている。何ともいえない不思議な気持ちになった。

七　ニブフの口琴に揺られて

銀座風カフェとソ連風カフェ

廃線になったオハ鉄道の線路跡と二つのトラス橋を見たあと、ノグリキ市内に戻った。帰りの列車にはまだ時間があったので、ドライバーのアンドレイさんも一緒に、ソビエト通りのカフェに入った。オリンピックというスーパーマーケットに併設されている、食事もできる店である。

こう書くと、日本のスーパーのフードコートのようなところをイメージするかもしれないが、そうではない。銀座《ぎんざ》か青山《あおやま》あたりにあってもおかしくないような、高級感漂うシックな店で、びっくりするような美人がコーヒーを運んできた。きれいな脚をしていて、膝《ひざ》から下がとにかく長い。

ユジノサハリンスクのカフェやレストラン、それにホテルのフロントでも、思わず二度見してしまうような従業員の女の子たちに遭遇したが、この小さな町にもやっぱり美女はいた。目が合ってもにこりともしないところもユジノサハリンスクと同じである。

この日の朝、ノグリキに着いてすぐに、朝食をとるために同じ通りにあるカフェに寄った。そこは、入り口近くのカウンターに座っている恰幅《かっぷく》のいい中年女性に注文してから席に着くシステムだった。朝食はハムエッグ＋黒パンの一種類のみで、コーヒーはインスタント。何となくソ連時代を髣髴《ほうふつ》とさせる（といっても映画や本でしか知らないが）店だった。

それに対してこちらのカフェはコーヒーも美味《おい》しく（シアトル系の深煎《い》りだった）、食事メニューも充実していた。昼食をとっていなかったので、軽食（フィッシュバーガーとガレット）を注文したら、盛り付けの美しさも味も申し分なかった。そのかわり値段も銀座や青山のカフェと変わらない。

朝のカフェは、寝台急行の中と同じく暖房地獄だったが、ここはちょうどいい暖かさ。二つの店の距離は五〇〇メートルくらいだが、その間にひと時代が過ぎ去ったかのようだ。

現在、サハリン州全体が天然ガスと石油資源

ノグリキの市街地

の恩恵で好景気に沸いていて、採掘の中心であるノグリキも急速に豊かになっているという。事前に調べて知ってはいたが、廃線跡や古い石油タンクを見て回っているだけではわからなかったその変化を、カフェで体感することができた。

博物館のユーリさんのおかげで、翻訳アプリの便利さを認識した私と柘植青年は、スマートフォンを使ってアンドレイさんと会話をした。それによると、アンドレイさんはモスクワ生まれの五一歳で、成人した二人の子供がいる。ノグリキは母親の出身地で、若いときに移ってきたという。

半日一緒にいるうちに、頭を剃《そ》り上げたコワモテ風の外見とはうらはらに、アンドレイさんは繊細な気配りの人だとわかった。カタングリの石油採掘場で油井のやぐらに上がったときは、凍った足場で滑らないよう気遣ってさりげなく手を貸してくれた。見学したどの場所でも、私たちが満足したのを見計らって次に移動するタイミングが絶妙だったし（急《せ》かしたり、のんびりしすぎて最後に時間がなくなってしまったりするガイドやドライバーも多い）、運転もラフなように見えて、雪道を走るテクニックは抜群だった。

お世話になったお礼を言ったが、「スパシーバ」だけでは足りない気がして、スマートフォンに「あなたはとても親切な人」と打ち込んでロシア語に変換した。アンドレイさんに見せると、顔を赤くして、「そんなことないよ」というように顔の前で手を振った。

運転しているときは、こちらに通じるかどうかに関係なくロシア語でしゃべりまくっていたアンドレイさんだが、カフェで向かい合うと無口で、じっとコーヒーカップを見つめていたかと思うとふいに顔を上げて窓の外を見たりと、急にシャイになってしまった。彼のテリトリーは美女のいるカフェではなく、4WDの愛車の中と、郊外の雪原なのだろう。

十三時間五十一分の列車旅

カフェを出たあと、スーパーマーケットを覗《のぞ》いた。生鮮食品から日用品まで品ぞろえはすばらしく、店内の一角にはデパ地下風の対面販売のコーナーもある。ガラスケースの中に精肉やハムがずらりと並んでいて、ハムとソーセージだけでも二、三十種類はあった。だが、もともとは漁業で栄えた町であるにもかかわらず、魚介類のコーナーはあまり充実していなかった。いまはもうすっかり石油と天然ガスの町になってしまったということなのだろうか。

美味しそうなハムを横目で見ながら、カップラーメンを買ってスーパーをあとにした。ハムはどれも一本丸ごとで売られていて、列車の中で食べられるような、スライスした少量のパックは見当たらなかったのだ。

駅に戻り、アンドレイさんに見送られてホームに出た。ユジノサハリンスク駅と同様、改札口はなく、車両の昇降口で車掌に切符を見せて乗り込むシステムである。車掌は車両ごとに一人ずついて、往復とも全員が女性だった。

帰りの寝台急行は、来たときよりも多くの駅に停車するので、ユジノサハリンスクまでの所要時間は長い。往路が十一時間四十三分だったのに対して、十三時間五十一分かかる。

ユジノサハリンスクからの列車は寝台車のみだったが、ノグリキ発のこの列車（「№.604列車」）には、座席車も連結されていた。発車時刻は午後四時四十四分。夕方の出発なので、短距離を移動する人も利用するのだろう。

旅行会社が予約してくれた席は、往路と同じく、寝台が四つあるコンパートメントの下の段ふたつで、出発時、上段は両方とも空いていた。

定刻通りに列車が動き出す。窓の外では日が落ちようとしていた。夕日に照らされて雪原がピンク色に染まっている。発車してしばらくは沿線に家屋や道路が見えていたが、数分のうちにまばらな林の中に入った。

シーツを広げて寝る準備をするにはまだ早い。寝台に腰掛け、その日ノグリキで撮った写真をチェックすることにした。

朝、到着したばかりのノグリキ駅のホームでは、乗ってきた列車の写真を沢山撮っている。駅を出て最初の写真は、朝食に寄った、例のソ連風（？）カフェで撮ったものだ。

目玉焼きの黄身がレモンイエロー色をしたハムエッグ。黒い化粧板のテーブル。オレンジ色の化繊のカーテンがかかった窓……。そして隅の方にあった、アンプセットのある小さなステージ。夜は生バンドが入って、踊ったりできる店なのかもしれない。そのときも注文は、入り口のカウンターで、あのおばさんが受けるのだろうか。

次は博物館、その次はカタングリの赤銅色の石油タンク、と写真は続く。まっ黒い原油を見た採掘場、オハ鉄道の線路跡と鉄道防風林……。とりわけたくさんシャッターを押したのは、最後に見た二つの橋だ。

青い空と雪の積もった河原の景色に、白いトラスが映えて美しかったからだが、実をいうと普段の廃線探索でも、橋を見るとつい写真を撮りまくってしまう癖が私にはある。

トゥイミ川橋梁の謎

廃線の遺構（現在まで残っている構造物）の代表格は、橋梁《きょうりょう》とトンネルである。どちらも大きな構造物なので撤去するのに費用がかかり、風化しつつ残っている確率が高いのだ。橋梁の場合は橋台や橋脚しか残っていない場合もあるが、それもまた味わい深い風景になる。

廃線ファンは、橋梁派とトンネル派に分かれるというのが私の持論である。私自身は、十数年前に初めての廃線歩きで宮原《みやのはる》線（大分県の恵良《えら》駅と熊本県の肥後小国《ひごおぐに》駅を結んでいた路線。一九八四年に廃止）の跡をたどったとき、幸野川《こうのがわ》に架かる橋の美しさに感動して以来の橋梁派だ。

山と山の間の狭い谷に架かっているこの橋は、歩いて渡ることができる。バラストの残る線路の跡を歩いていたら、怖いほど鬱蒼《うっそう》とした森が急にひらけ、気がつくとはるか下に地面を見おろす橋の上に立っていたときの驚きを、いまも忘れることができない。

そこからの景色はまさに絶景で、谷間に田畑が細長く横たわり、護岸工事のされていない自然のままの川原に一面のコスモスが揺れていた。

脇の階段から川岸に下りて見上げると、六連アーチのみごとなコンクリート橋で、橋脚に国の登録有形文化財であることを示すプレートがはめ込まれていた。

帰ってから調べてわかったことだが、一九三九（昭和十四）年頃に造られたとされるこの橋（幸野川橋梁）は、日中戦争のさなかで鉄が不足していたため、鉄筋が一本も使われていない。その代わりに竹が使われたといわれ、「竹筋橋《ちつきん》」と呼ばれているそうだ。その後、太平洋戦争が始まると、山間《やまあい》を走る宮原線は不要不急線と見なされ、レール供出の憂き目にあっている。

宮原線に出会うまでの私は、マニアとまではいかないライトな鉄道ファンで、地方取材のときなど、北海道や九州であっても時間の許す限り鉄路を使っていたが、廃線にはそれほど興味がなかった。

初の廃線歩きとなった宮原線も、仕事で訪れた阿蘇《あそ》の温泉宿のご主人が「この近くに昔の鉄道の跡がありますよ」と教えてくれて、時間があったのでひとりでぶらりと行ってみたのだった。あまり期待していなかったのだが、これをきっかけに廃線歩きに魅せられ、国内のおよそ六十路線を訪れることになった。

宮原線の資料を読み、敷設から廃線に至る経緯を知ってしみじみ思ったのは、「あの日の私はまさに歴史の上を歩いたのだ」ということである。失われた鉄路を歩くことは、時間をさかのぼって旅をすることなのだ。

話が横道にそれたが、そんなわけで橋梁派である私は、初めて海外で訪ねた廃線跡で、短い時間で美しい橋に二つも出会えたことがうれしかった。列車の中で、数時間前に撮ったばかりの写真を順番に見ていった私は、橋の実物の前に立ったときに気になることがあったのを思い出した。二つの橋のうち、あとの方に見た、トゥイミ川に架かる橋の幅が、軽便鉄道にしてはずいぶん広かったのだ。

軽便鉄道は車両が小さく、軌間（二本のレールの間）も狭い。日本の場合、旧国鉄やＪＲの在来線の軌間が一〇六七ミリなのに対して、軽便の多くは七六二ミリである。

オハ鉄道の軌間は七五〇ミリ。だがこの橋の路盤はもっと広く見えたし、写真を見ても印象は同じだ。橋全体も、人間であればガタイが良いというのだろうか、軽便であるにもかかわらず、幅も高さもあって大ぶりである。一つ目の橋（アンドレイさんが指さして「スターリン！スターリン！」と連呼したので、勝手に「鋼鉄橋」と名づけた）は、路盤の幅が狭く、いかにも軽便らしくこぢんまりしていたのだが。

トゥイミ川に架かるオハ鉄道の橋

その謎が解けたのは、帰国したあとのことである。古書店で入手した『サハリン　鉄路１０００キロを行く』（ＪＴＢキャンブックス）という本に、オハ鉄道のことが書かれていたのだ。著者はあの徳田耕一氏。今回の旅に大いに役立った、鉄道情報が満載のガイドブック『ワールドガイド　サハリン・カムチャツカ』（ＪＴＢパブリッシング）の執筆者で、故・宮脇俊三氏と一緒に一九九〇年にサハリンを旅したあの人である。

この本によれば、オハ鉄道は廃線になる前の一時期、軌間一〇六七ミリに改軌する計画があったのだそうだ。まずはノグリキ付近から着手することになり、ちょうど架け替えの計画があったトゥイミ川の橋を、一〇六七ミリになっても対応できるよう、三線式にした。つまり、その時点で使われていた七五〇ミリと、将来の一〇六七ミリの両方のレールを敷いたのだ。

そのせいで路盤の幅が広くなったのだが、軌間一〇六七ミリの列車が一度も通らないまま廃線になってしまった。そういうわけで、軽便鉄道には不似合いな、立派な鉄道橋が残されてしまったというわけだ。

私たちが見たときは路盤に雪が厚く積もっていて、レールがまだ残っているかどうかは分からなかった。橋の前後のレールはすでに撤去されていたので、残っている可能性は低いが、いまだお目にかかったことのない三線式のレールというものを一度見てみたかった。

一九三〇年代に順次開通したオハ鉄道は、おもに石油の輸送に使われてきたが、パイプラインが整備されたことで一九九〇年頃から部分的に廃止され、二〇〇〇年代に全線廃止となった。もともとは旅客の輸送もしていたが、並行する道路ができたことと、ノグリキとオハの間が空路で結ばれたことから、そちらは貨物よりも早く運転を終えたそうだ。

ニブフの口琴

ノグリキの次の駅はヌィシである。ここから私たちのコンパートメントに二人の男性が乗ってきた。ひとりは小柄だが筋骨たくましい中年男性、もうひとりはほっそりした若者で、おそらく二〇代だろう。

若者のほうはすぐに上段の寝台にのぼってしまい、それきり下りてこなかったが、中年男性のほうは、荷物を自分の寝台に上げたあと、半袖《はんそで》のTシャツと短パンに着換えて下りてきた。たぶんこの列車には何度も乗っていて、息苦しいほどの客室内の暑さを知っているのだろう。彼は窓を開け、さらに通路との仕切りの引き戸に物をはさんで、常時細めに開いているようにしてくれた。おかげで風が通って暖房地獄が和らいだ。往路の車両は新しく、窓は開かないようになっていたが、この車両は古いせいか、開くようになっているらしい。

男性は自分から、英語で私たちに自己紹介した。ノグリキ出身の四七歳。現在はユジノサハリンスクで妻子と共に暮らし、石油と天然ガスのプラントで働いている。両親と姉の住むノグリキにしばらく滞在し、自宅に帰るところだそうだ。名前も教えてくれたのだが、難しい発音で、申し訳ないがどうしても聞き取ることができなかった。

窓の下の小さなテーブルを三人で囲み、夕食がわりのカップラーメン（彼が持ってきていたのは、こちらのスーパーでよく見かける韓国のメーカーのものだった）を食べながらおしゃべりをした。以前は漁師をしていたという。何を獲《と》っていたのか訊《き》いたら、カニという答えが返ってきた。

このくらいの大きさだと言って両腕を広げ、私たちが驚くと、おどけた表情でよいしょと持ち上げる恰好をして「モンスター・クラブ！」と笑った。カムチャツキー・クラブと呼ばれる巨大なカニがいるのだという。

いくら何でもそこまで大きくはないだろうとそのときは思ったが、日本に帰ってからインターネットで検索してみたら、まさに両腕を広げたくらいの大きさのカニを持った漁師の写真が出てきた。大型のタラバガニらしいが、その巨大さには本当に驚いた。

漁師の次には自動車の輸入の仕事をし、そのときは小樽《おたる》や名古屋《なごや》、釜山《プサン》にも行ったそうだ。そのあと現在の石油・天然ガス関係の仕事に就いた。彼の職業の変遷には、ここ二、三十年の間のサハリン経済の変化が反映されていた。

カップラーメンを食べ終わったあと、彼がウエストバッグから、勾玉《まがたま》のような形をした琥珀《こはく》色のものを取り出して見せてくれた。手のひらに載る大きさで、有機物特有のつやがある。動物の牙《きば》を磨いたもののようにも見えたが、聞けば熊の爪なのだという。彼の母親はロシア人、父親は少数民族のニブフ（ギリヤーク）で、これはニブフのお守りだということだった。

お守りはストラップのようになっていて、木でできた楕円《だえん》形のものに結びつけられていた。長径は一〇センチくらいで、表面に彫刻がほどこされている。彼によればニブフの老人の顔をあらわしているそうだが、単なる工芸品には見えない。

いったい何なのだろうと思って見ていたら、彼はそれを口もとに持っていった。中に隠れていたひものようなものを引っぱり出しながら息を吹き入れると、ビィンビィンと金属的な音がした。

それを聴いてようやくわかった。これは楽器なのだ。よく似たものをアイヌの人が奏でるのを聴いたことがある。口琴の一種で、ムックリといった。

ビィンビィンビィン……すでに陽は落ち、漆黒の闇《やみ》となった雪原を走る列車のコンパートメントに、哀愁を帯びた音色がひびく。しばらく演奏を続けたあと、彼は口琴を口から離してにっこり笑い、ニブフはこれを「ヴァルガ」と呼ぶのだと教えてくれた。

夜は更け、ヴァルガ氏（と呼ぶことにした）は自分の寝台に戻ったが、その前に、開けていた窓を閉めてくれた。外気温は零度を下回っているはずで、さすがに開けっ放しで寝るわけにはいかない。しばらくすると室内の温度は上がり、私たちはまた寝苦しい夜を過ごすことになった。

ユジノサハリンスクへ向かう車窓からの景色

窓の外を眺めていると、停車するたびに、数人から十数人の乗客が下車していった。駅舎には灯《あか》りがついているが、周囲は真っ暗で、街灯も人家の灯りもない。ここからどうやって家に帰るのか。バスもないだろうし、誰かが迎えに来てくれるのだろうか——。そんな心配をしているうちに眠りに落ちた。

ユジノサハリンスク駅に着いたのは、午前六時三十五分。ヴァルガ氏と別れの挨拶《あいさつ》を交わし、ホームに降りる。夜明けにはまだ間があり、空には星がまたたいていた。

「無理っす。それ、無理っす」

それから空港に向かうまでの五時間ほどは、鉄道旅に出発する前に宿泊した、ユジノサハリンスク市内のホテルの部屋で過ごした。

当初の予定では、早朝からやっているカフェなどで朝食をとり、空港に向かうまでの時間は適当に市内観光をするつもりだった。ただ、寒い時季なので、公園や展望台など戸外の観光スポットを回るのは無理があり、また博物館などの屋内施設は十時か十一時からしか開かない。ちょっと厳しいが、まあ仕方がないと思っていた。それが一転して、ホテルでゆっくり休めることになったのは、柘植青年のおかげである。

今回の旅の最終打ち合わせのために、柘植青年とともに旅行代理店のA氏のオフィスを訪れたのは、出発の二週間前だった。

寝台急行のコンパートメントの説明を聞いていたとき、A氏の携帯が鳴った。シベリア鉄道の旅を予約している人からの電話だったようだ。話を終えたA氏に、「私もいつかシベリア鉄道に乗ってみたいんです。あっちにはシャワー付きのコンパートメントがあるそうですね」と私が言うと、横にいた柘植青年が「え?」と声を上げた。

「もしかして、僕たちが乗るサハリン鉄道にはシャワーがないんですか!?」

そのときの私の心の声をここに書き記せば、「いまさら何言ってんだコイツ」となる。A氏も顔には出さねど同じことを思ったに違いなく、そっけない声で「ありません」と即答した。

「ということは、二泊三日のあいだ、風呂《ふろ》もシャワーもなし……?」

情けない声を出す柘植青年に、

「そうです!」(A氏)「そうだよ!」(私)

と、期せずして二人の声が揃った。

「無理っす。それ、無理っす」

柘植青年は、その後の旅の間も、連載が始まってからの私とのやりとりにおいても、「無理」という言葉を使ったことはない。たいていのことは何とかしてくれるし、少なくとも何とかしようと努力はする。このときの彼の衝撃と絶望がいかに深かったかがわかるが、ないものはない。

それまで柘植青年は、寝台列車にはシャワーがあるものと思い込んでいたらしい。以前はサハリン鉄道も、日本からのツアー客向けにシャワー付きの個室がある豪華列車を走らせたことがあったそうだが、いまはそんなものはない。

私はといえば、シャワーなどないことは最初から知っていた。二晩入浴できないことが気にならないでもなかった(実際にはシャワーどころか洗面所もなく、洗顔も狭いトイレ内のちょろちょろとしか出ない水道で行うしかなかった)が、鉄道ファンにとって何より優先されるべきは「なかなか乗れない路線に乗る」「乗れるだけ乗る、乗りつくす」ことであり、女といえども、風呂だのシャワーだの甘えたことを言っている場合ではない。

だが、特に鉄道好きというわけではないイマドキの若者である柘植青年は、髪も身体も洗わずに二晩過ごすことは考えられないらしい。たしかに彼は服装も清潔感があってお洒落《しゃれ》だし、髪の毛はいつもサラサラである。

そんな柘植青年が考えたのが、早朝にユジノサハリンスク駅に着いてから空港に向けて出発するまでのあいだ、ホテルの部屋をデイユースしてシャワーを浴びる、という案だった。

その場でプランが変更され、A氏は帰国日にホテルを使えるよう手配してくれた。おかげで列車を降りたあと駅からホテルに直行し、部屋でゆっくり過ごすことができたのである。

こうして一度目のサハリンの旅は終わった。午後一時四十分にユジノサハリンスク空港を発《た》つ成田《なりた》行きの便に乗り、夕方五時過ぎにはもう自宅の最寄り駅に着いていた。時差が二時間あるのでサハリン時間では午後七時になる計算だが、それでも東京までの近さにあらためて驚く。今朝まで雪景色の中を寝台急行に揺られていた自分が、駅前の蕎麦《そば》屋で親子丼を食べているのだ。耳の奥ではヴァルガ氏の口琴がまだ鳴っているというのに。

親子丼を食べ終わり、家までの道をスーツケースを引きずって歩きながら、次のサハリン行きの計画を頭の中で私はもう立てはじめていた。

第二部

「賢治の樺太」をゆく

宮沢賢治 樺太への旅
1923(大正12)年7月31日〜8月11日

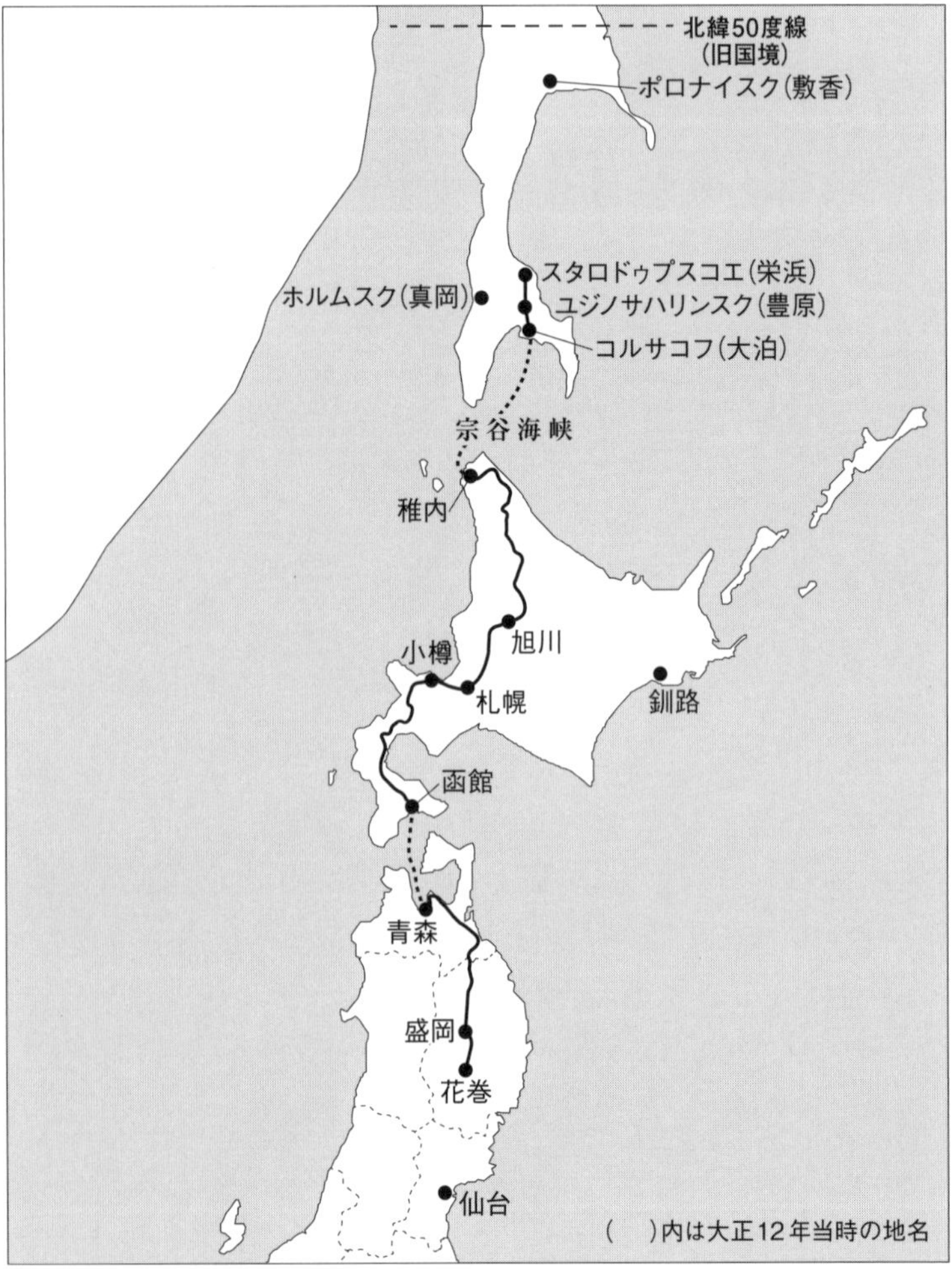

一　「ヒロヒト岬」から廃工場へ

鉄道マニア・宮沢賢治の樺太

宮沢賢治《みやざわけんじ》が樺太《からふと》を旅したのは、一九二三（大正十二）年の夏である。二七歳になる直前だったこのとき、大泊《おおどまり》（現在のコルサコフ）から豊原《とよはら》（同ユジノサハリンスク）を経て栄浜《さかえはま》（同スタロドゥプスコエ）まで乗った鉄道が、『銀河鉄道の夜』のモチーフになっているのではないかと言われている。当時、栄浜は樺太でもっとも北にある駅で、それはすなわち日本最北端の駅であることを意味した。

そのころ賢治は、岩手県立花巻《はなまき》農学校で教師をしていた。樺太行きの直接の目的は、大泊の王子製紙に勤めていた旧友を訪ねて、教え子の就職を頼むことだった。実際に二人の教え子が、のちに王子製紙に勤めている。

だが本当は前年の一一月に亡くなった妹トシの魂の行方を追い求める旅だった、というのが定説のようになっていて、樺太行きについて触れている本のほとんどに〝魂〟という言葉が出てくる（『地球の歩き方』にまで！）。

死者の魂を追いかけて北へ向かう汽車に乗る、というのは、正直言って、私にはいまひとつピンとこなかった。妹が亡くなったのは生まれ育った花巻で、墓もそこにある。樺太には縁もゆかりもないし、死んだ人の魂が北方へ行くという考え方も、一般的なものではないように思う。私にわかるのは、鉄道好きだった賢治が、日本最北端の駅だった栄浜駅まで、汽車に乗って行ってみたいと思ったであろうことである。同じ鉄道ファンとして、そこのところはわかりすぎるほどよくわかる。

賢治が樺太に向けて花巻駅を出発したのは一九二三年七月三一日。注目すべきは、そのおよそ三か月前の五月一日、北海道の稚内《わっかない》と樺太の大泊の間に、鉄道省による連絡船（稚泊航路）が開通していることだ。

それまで樺太に渡るには、小樽《おたる》から民間の航路を利用するしかなく、長時間の船旅を余儀なくされた。それに比べて稚内―大泊は、もっとも狭いところは四二キロしかない宗谷《そうや》海峡を渡る最短の航路で、しかも運行は鉄道省である。これによって、内地と樺太が鉄道で一本につながり、切符一枚で樺太まで行くことができるようになった。運賃もぐんと安くなったのである。

鉄道省発行の『列車時刻表』にはこうある。

旅客に対しては、北海道線各駅及本州方面の関係多い駅と樺太鐵道線《てつどう》との間に於《お》いて、直通乗車券を発売致します。此《こ》の乗車券をお持ちになれば、稚内及大泊に於ける艀舟費《はしけ》は別に御支拂《しはらい》になる必要はありませぬ。

（大正十二年七月号）

また旅客荷物についても、直通扱いが可能になった。つまり上野《うえの》なら上野で預けて、大泊や栄浜で受け取ることができたわけである。

上野から大泊までの所要時間は五十七時間。賢治の住まいに近い花巻駅はその途中にある。そこから汽車に乗れば、樺太までまっすぐ行くことができるのだ。賢治は胸をときめかせたに違いない。

一度目のサハリンの取材のときに北部のカタングリで、一九二〇年代に日本が建造した石油タンクを見た話を第一部に書いた。当時はソ連領だったこの地域で日本が石油の採掘を行っていたのは、一九二〇（大正九）年に起きた尼港《にこう》事件への対抗措置として、日本軍が北サハリンの主要地域を保障占領していたためだ。

当時はサハリンのことをサガレンと呼んでおり、北サハリンに派遣された軍をサガレン州派遣軍といった。賢治が樺太を旅した一九二三年は、サガレン州派遣軍が駐留していた時期である。

しかも、この年の四月から、それまでの第二師団に代わって、第七師団と第八師団に属する部隊が派遣されている。八甲田山《はっこうださん》における雪中行軍遭難事件で知られる第八師団は、弘前《ひろさき》に司令部を置き、おもに東北出身の兵で構成されていた。盛岡《もりおか》の部隊も北サハリンに派遣されることになり、『岩手日報』にはひんぱんに北サハリンや樺太に関する記事が掲載された。こうしたことも賢治の、日本最北端の地への関心を高めたことだろう。

　私たちのサハリン取材は当初から二度に分けて行う予定だった。一度目は冬だったので、戸外での取材が少なくてすむ寝台急行の旅をメインにし、二度目を宮沢賢治の足跡をたどる取材にあてることにしていたのだ。

　妹トシの魂の行方を追うとはどういうことなのか、また『銀河鉄道の夜』は本当に樺太での鉄道旅の経験が反映されているのかについては、旅をしながら考えるとして、まずは賢治がたどったルートを私もたどり、賢治が見た景色を見てみたいと思った。

二度目のサハリン行き

　二〇一八年九月七日、成田《なりた》空港を午後四時五十分に出発するヤクーツク航空５５０便に乗った。本当は、九十五年前の賢治と同じように、宗谷海峡を船で渡るつもりだったのだが、それができなくなったのだ。

　稚内―コルサコフは、二〇一五年まで二〇〇〇トン級のフェリーが就航していた（六月から九月の夏季のみ）。だが採算が取れず、二〇一六年からは二七〇トン（定員八十名）の連絡船になった。

　宗谷海峡は波が荒い。そんな小さな船では、天候によっては相当揺れると思われた。それも仕方がないと覚悟したのだが、旅行代理店から、今年の運航は取りやめになったと連絡が来た。

そのときたまたま札幌《さっぽろ》の実家にいた私は、運航中止を報じるニュースをテレビのローカルニュースで見た。北海道とサハリン州の間で行き違いがあり、船の手配が間に合わなかったという。そんなわけで、今回も飛行機を利用することになった。

現在、サハリンまでの直行便は、成田と新千歳《しんちとせ》の二つの空港から飛んでいる。成田―ユジノサハリンスクの所要時間は二時間十五分ほど。沖縄よりも近く、あっという間のフライトだ。

ユジノサハリンスク到着は午後九時。前回と同じく、やたらと時間のかかる入国審査を終えて荷物をピックアップすると、ロビーでドライバーの男性が待っていた。長身で穏やかな風貌《ふうぼう》の彼は、ヴィターリさんといい、サハリンでの取材の間ずっと運転手をつとめてくれた。ロシア語しか話さないので会話は成立しないが、とびきりやさしい目をしていて、こちらの気持ちを読み取る不思議な能力がある。

のちにガイドさんに通訳してもらって知ったのだが、ヴィターリさんはバイカル湖に近いブリツカヤ地方出身で、ブリヤートという民族に属する人だった。最近の研究では、ブリヤート族は日本人と同じルーツだとの説があるという。一緒にいると穏やかな気持ちになるのは、もしかしたらそのせいかもしれない。

インターネットで検索すると、ブリヤートの人たちの容貌は日本人とよく似ているが、ヴィターリさんはどちらかというと西洋的な顔立ちである。二一歳だった二十七年前に兵役でやってきたサハリンが気に入り、ここで家庭を持ったという。

空港から市内までは車で三十分ほどである。前回泊まったのはベルカホテルという山小屋のような雰囲気のアットホームな宿だったが、今回はパシフィックプラザという大型ホテルで、サハリンに支局を持つ唯一の日本の新聞社である北海道新聞のオフィスもこのホテルの中にある。ロビーではビジネスマンらしき人を何人も見かけた。設備は近代的で、フロントに英語を話すスタッフがいるのはありがたいが、あまり親切とはいえず、にこりともしない。

チェックインのとき、同じ飛行機に乗ってきた五〇代くらいの女性三人グループと一緒になった。そのうちの一人の息子さんがサハリンで働いていて、観光を兼ねて会いに来たのだという。その息子さんが、三人分のチェックインの手続きをしていた。三〇歳を過ぎたくらいの年齢だろうか、名刺交換をしたら、大手商社の社員だった。石油・天然ガス関連の仕事でサハリンに駐在しているという。

前回サハリンに来たとき、石油・天然ガスのプロジェクトは規模が大きく、日本の企業も参加しているとガイドのエレーナさんから聞いていたが、その当事者にさっそく遭遇したことになる。

翌日の土曜日は取材の予定を入れておらず、一日フリーだったので、柘植青年とユジノサハリンスク市内を散策することにした。

ほとんどの道が歩行者天国になっていて、あちこちでイベントをやっている。この日、昼食を一緒にとった北海道新聞ユジノサハリンスク支局長の細川伸哉さんによれば、夏場のユジノサハリンスクでは毎週のように何らかのフェスティバルが開かれていて、この日は市の記念日

市内を馬で闊歩する少女

結婚式を挙げたばかりのカップル

なのだという。市役所の前で巨大なバースデーケーキのオブジェを見かけたから、市制記念日なのかもしれない。

　カラフルな鞍《くら》をつけた馬に乗った少女の一団が通り過ぎ、竹馬のようなものに乗った巨大なピエロが練り歩く。ラジコンカーのレースやトランポリン大会が開かれ、公園では結婚式を挙げたばかりのカップルが記念写真を撮っている。駅前の広場には空をつく巨大なレーニン像がそびえ立っているが、その裏に設《しつら》えられたステージでは、若者がヒップホップダンスを踊っていた。

　こんなに明るくはなやかな街だったのかと、ユジノサハリンスクのイメージが一変した。前回来た一一月中旬はもう冬で、灰色の雲が重く垂れこめ、陰鬱《いんうつ》な印象だったのだ。

　街には樺太時代の建物が残っている。北海道拓殖銀行の豊原支店もそのひとつで、いま

歩行者天国で迫撃砲の使い方を教わる子供

は州立美術館になっている。

そのすぐ前の路上に人だかりができていたので何かと思って近づいてみたら、長机が置かれ、銃をはじめさまざまな武器が並べられていた。迷彩服姿の軍人が、集まった人々にそれらを触らせている。軍人の中には若い女性もいた。ライフルを持ってポーズをとる少年。迫撃砲の使い方を教わる子供……。日本では絶対に見られない光景である。

退役軍人なのか、白髪の目立つ軍服姿の男性が、一丁の銃を差し出した。思わず受け取ったその銃の銃身には、1936という数字と星のマークが刻まれていた。

私は自衛隊の演習を取材したことがあり、本物の銃を見たことはあるが、当然ながら手を触れるのは初めてである。鈍く冷たい感触に一瞬たじろいだ。

「ヒロヒト岬」に立つ

「私たちがいま立っているところは、ヒロヒト岬と呼ばれていました」

コルサコフの港を一望できる高台で、ガイドのワシーリーさんが言った。

「ヒロヒト……そう、ヒロヒトです！」

海風に吹かれながら、感に堪えないといった声で繰り返す。

二度目のサハリンの三日目。この日から、宮沢賢治の樺太での足跡をたどる旅が始まった。

まずは賢治が上陸したコルサコフである。

今回のガイドのワシーリーさんは、独学で日本語を身につけたという六〇歳。薄めの頭髪につやつやの肌、小柄ながらとにかくエネルギッシュで、目に映るすべてを解説しようという意欲にあふれている。

これまで海外取材で何人かの通訳やガイドさんにお世話になったが、ワシーリーさんほど饒《じょう》舌《ぜつ》な人は初めてだ。沈黙に耐えられない性格らしく、車の中などで話が途切れると歌い出す。たいていはロシア語の唄《うた》だが、今朝は「津軽《つがる》海峡・冬景色」を歌っていた。

「昭和天皇の名前がついているんですか？」

質問してほしそうな雰囲気を察して訊《き》くと、ワシーリーさんは「そうです！」と嬉《うれ》しそうに叫んだ。

「なぜなら昭和天皇はここに来ました。この丘にです。昔は、記念碑もありましたそうです」

コルサコフは、宗谷海峡をはさんで北海道の稚内と向かい合う、サハリンの海の玄関口だ。

樺太時代は大泊といった。

皇太子時代の昭和天皇が樺太に行啓したのは知っていた。一九二五（大正十四）年八月のことで、賢治が樺太を訪れてからちょうど二年後である。このとき昭和天皇は二四歳。大正天皇が崩御し、即位するのは翌年の一二月だ。

くわしい行程までは知らなかったが、あとで調べたら、戦艦長門《ながと》で大泊港から上陸し、王子製紙の工場や大泊中学校、戦死者を祀《まつ》った碑などを訪れていたことがわかった。ワシーリーさんの言った通り、この高台にも立ち寄っている。

それが「ヒロヒト岬」の由来と思われるが、当時の日本人がそう呼んでいたとはちょっと考えられないので、おそらくソ連時代になってからの呼び名なのだろう。

ここにあったという記念碑はどんなものだったのか、いつどんなふうにしてなくなったのかは、ワシーリーさんも知らなかった。終戦後、ソ連軍によって撤去されたのだろうか。

いま高台は公園になっていて、海に向かってベンチが並んでいる。公園の名前を日本語にあえて訳せば「文化と休息の公園」となる。見晴らしは最高だが、周囲の土手には丈の高い雑草が茂り、強い風になびいている。人影はまばらで、ちょっとさびれた雰囲気だ。

眼下の港は、全体に古びて黒ずんで見えた。空の青が深すぎ、海面にはね返る光が強すぎるせいかもしれない。緯度の高い土地の夏には、空気が青っぽく感じられるような完璧《かんぺき》な晴天の日がときどきあるが、この日のコルサコフはそんな天気だった。

二本の桟橋が、伸ばした両腕のように沖に向かって突き出ている。南側の桟橋は、樺太時代の一九二八（昭和三）年に建設されたものだ。当時は桟橋の上に大泊港駅があり、船を下りた乗客は、そのまま列車に乗ることができた。ただ、賢治や昭和天皇がやって来たときにはまだ桟橋はなく、艀《はしけ》を使って上陸したという。

北側の桟橋は戦後にできた新しいもので、おもに大陸との往来に使われているそうだ。二本の桟橋の間には、中型の貨物船や漁船が停泊している。

これといった特徴のない、中くらいの港湾都市に見えるが、ここはサハリン島をめぐる日露の複雑な歴史に深く関わってきた街である。賢治が樺太での第一歩を記したコルサコフの歴史を、まずはざっとおさらいしておくことにする。

流刑の島サハリン

サハリンの南部は、もともとアイヌの土地だった。時代は十七世紀にさかのぼる。一六七九(延宝《えんぽう》七)年、アイヌの人々がクシュンコタンと呼んで生活していた現在のコルサコフに、松《まつ》前《まえ》藩の重臣・厚谷《あつや》四郎《しろう》重政《しげまさ》が藩の出先機関に当たる拠点を設け、部下たちとともに越冬した。それまで日本人は、夏場にやって来ることはあったが、まとまった人数で冬を越したのは、このときが初めてだった。

何をするための拠点だったかというと、アイヌや清国との交易である。コルサコフは、日本人がサハリンに足場を築いた最初の土地だったのだ。

時は流れて一七五二(宝暦《ほうれき》二)年、松前藩主の命を受けた加藤嘉兵衛が、クシュンコタンほか二か所に漁場を開いた。当初、漁はほとんどアイヌが請け負っていたが、一七九五(寛政《かんせい》七）年からは日本人の出稼ぎ漁民を雇って行われるようになり、以後、サハリンでの漁場の開拓が進められていく。

サハリンにはすでにロシアも進出していて、次第に南下してクシュンコタンの近くまでやって来るようになった。一八〇六（文化《ぶんか》三）年には兵を率いたロシア人がクシュンコタンに入り、家屋や倉庫を焼き払う事件が起きている。

一八五四（安政元）年の日露和親条約にサハリンの帰属が記されなかったことは第一部で書いた。その後、一八六七（慶応《けいおう》三）年に日本とロシアは「樺太島仮規則」に調印したが、これは共同領有の原則を再確認するもので、領土問題を先送りしただけだった。

一八七五（明治八）年の「樺太千島交換条約」によってサハリン全島がロシアの領有となった。コルサコフという地名は一八七一年まで東シベリア総督だったコルサコフにちなんで命名されたものだ。

これで日本人がサハリンに出入り禁止になったわけではなく、コルサコフには日本領事館が置かれた。日本人居留民とロシア人の関係は良好だったという。

樺太千島交換条約によって正式に自分たちの領土になる前から、ロシアはこの島に囚人を送り込んでいた。

帰属が不安定な土地については、しばしば自国民を大量に移住させて既成事実を作る政策がとられる。だが気候が厳しく、インフラといえるものはほぼないサハリンに、普通の人はまずやって来ない。それなら流刑地にして囚人たちの労働力で開拓させるのが合理的というわけだ。

この島はロシア最大の流刑地となり、三万人にのぼる囚人が送られた。

最初のサハリン取材のときに見学したサハリン州立郷土博物館は、流刑に関する展示が充実していたが、そこにあったロシア本土からサハリンまでの囚人の移送経路図を見て驚いた。陸路ではなく海路を使い、インド洋に出てから日本海を通ってやって来ているのだ。ずいぶん遠回りに見えるが、大陸を横切るより、船で大回りしたほうがコストが安かったのだろう。

チェーホフが見た「地獄の島」

流刑囚たちの実態を取材するためにサハリンにやって来たのがチェーホフである。一八九〇(明治二十三)年、モスクワから大陸を横断する長い旅の末にサハリンにたどり着いた。サハリン全島がロシアのものになってから十五年後のことで、チェーホフは三〇歳。三か月にわたって島内各地で調査を重ね、『サハリン島』と題する本にまとめた。小説ではなくルポルタージュである。


この本は、二〇〇九年から二〇一〇年にかけて刊行された村上《むらかみ》春樹《はるき》氏の小説『1Q84』に引用されたことで広く知られるようになった。当時、私も『サハリン島』を買って読んだが、長大にして詳細、まるで調査報告のような文章が、読んでも読んでも終わらず閉口した。そのときは読了できずに挫折《ざせつ》、最後まで読み通したのは、自分がサハリンを訪れたあとのことだ。

最初に読んだときはサハリンといってもどんなところか想像がつかず、本文に出てくるロシア語の地名も耳慣れないものばかりだった。

終戦前後の樺太におけるソ連軍の侵攻や、一般市民を巻き込んだ戦闘についてはおおよその経緯を知っていたし、引揚げ経験者の話にも新聞記事や本、テレビドキュメンタリーなどで接していた。だがチェーホフがサハリンに来たのはその五十年以上前のことだ。そして、『サハリン島』を読む限りにおいては、そこは想像を絶する異世界なのである。

だが、実際に行ってみたあとでは、それなりのリアリティをもって読むことができた。地名を見て、だいたいあのあたりだとわかるし、風景も目に浮かぶ。誰でもそうだと思うが、自分が踏んだ土地の話となると、「あそこでそんなことがあったのか!」と、胸に迫るものがあるのだ。

村上氏には、チェーホフのサハリン行きと『サハリン島』についてかなりくわしく言及している文章がある。


シベリア鉄道がまだできていない時代だったので、チェーホフがモスクワを出てから、サハリンにたどり着くまでに三カ月近くかかった。そのあいだにあやうく死ぬような目にもあった。どうしてそんなにひどい苦労をして、わざわざサハリン島に行かなくてはならなかったのか(それは当時のロシア人にとっては、月に行くのにも似たことだっただろう)、その理由はいまだもってよくわからない。たぶんそれは「作家的好奇心」という漠然とした言葉でしか表現できないものなのかもしれない。しかし理由がどうであれ、『サハリン島』はきわめて興味深い、得難い種類の本だ。チェーホフの残した、ある場合には無目的にさえ見えるほどの細密な描写を読みながら、僕らはしばしば、フランツ・カフカの『流刑地にて』の不条理な世界を想起することになる。

（『地球のはぐれ方』所収「サハリン大旅行」より）

これを読んだときは、初読時に途中で投げ出した自分がはずかしくなったが、「無目的にさえ見えるほどの細密な描写」という部分には心から同意した。

村上春樹のサハリン

このあとの文章で、村上氏は、サハリンに送られた囚人の多くが政治犯だったが、チェーホフは彼らと会うことは許されなかったことを記し、こう続けている。

チェーホフが面談した相手は刑事犯に限られており、彼らのほとんどは下層階級に属する、無学な人々だった。しかし逆の見方

ユジノサハリンスクのチェーホフの肖像

をすれば、そのような貧しい庶民と触れ合うことで、この本は不思議な重みを獲得しているし、若き小説家としてのチェーホフにとってもそれは貴重な経験になったはずだ。法律という（そして人生という）厳しいくびきにかけられた無力な人々を見つめるチェーホフの視線は、基本的に温かく、公正である。

『サハリン島』という本のいちばんの魅力はそういうところにあるし、ずっと昔この本を読んで以来、僕はサハリンという土地に対して興味を持っていた。もし機会があれば、是非いつか行ってみたいと思った。でもその当時のソビエト政府は、サハリン島を外国人が訪問することを原則的に禁じていた。要するに鎖国みたいなことを、ずっと続けていたわけだ。

（同前）

渡航が禁止されていた時代（ペレストロイカ以前）からサハリンに行きたいと思っていた村上氏は、渡航可能になったあと、本当にサハリンを訪れた。『1Q84』が刊行される七年前、二〇〇三年のことで、函館《はこだて》からプロペラ機で行ったという。ここで紹介した村上氏の文章は、そのときの紀行文から引いたものだ。

この紀行文の冒頭近くで村上氏は、サハリン空港の入国審査の係官を「ついさっきおやつに胆汁をたっぷり飲んできたというような渋い顔つきで、パスポートとビザを重々しく点検する」と描写している。サハリンから帰国したあとに改めてこの部分を読んだ私は、「その通り！」と膝《ひざ》を打った。

私がサハリンに行ったのは村上氏の十四年後だが、入国審査の係官はそのときも、まさにそんな感じだった。村上作品の比喩《ひゆ》にこんなにリアリティを感じたのは初めてのことだ。

ちなみに村上氏はこの文章の中で「サハリンという島は、僕らが普段頭で考えているより、ずっと僕らの身近にあるのだ、というか身近にあるべき場所なのだ」と書いている。サハリン／樺太の歴史をおおまかではあるが調べ、足を運んでその近さを知ったいま、これについても心から同意する。

現在のサハリンは、とにかく「チェーホフ推し」である。ユジノサハリンスクにはチェーホフ記念文学館とチェーホフ劇場があるし、チェーホフがサハリンに上陸した街であるアレクサンドロフスク・サハリンスキー（囚人たちを乗せた船が着く港でもあった）にはチェーホフ博物館がある。サハリンにとって、文豪が残した大著がいかに重要であるかがわかる。

だがチェーホフは『サハリン島』の中で、この島を救いようのない悲惨な場所として描いている。村上氏は「サハリン大旅行」の中で、チェーホフがサハリン滞在のあとで、友人のA・S・スヴォーリンに宛てた手紙を引用しているが、それはこんな文面である。

「サハリンで暮らしていた間は、心の内に油脂の腐ったバターを嘗《な》めたような苦みを感じていただけだったのですが、ところが今思い返してみると、サハリンは文字どおりの地獄だった」（ペーター・ウルバン編『チェーホフの風景』谷川道子訳）

現在のサハリンは決して地獄ではない。この島の不毛さを、これでもかというくらい詳細に書き残したチェーホフを、全島を挙げて顕彰する寛容さを持っていることからもそれはわかる。

サハリンっ子のうちどのくらいが『サハリン島』を読んでいるかはわからないけれども。

日露の歴史が刻まれたコルサコフ

コルサコフの歴史から少々脇道にそれたが、実はチェーホフもこの街と無縁ではない。サハリンに滞在した三か月の間に、コルサコフにもやって来ているのだ。しかも日本領事館を訪ねている。コルサコフ歴史郷土博物館には、領事館員らとピクニックに出かけたときのチェーホフの写真が展示されている。

このときチェーホフは、島の北部から、西岸（日本海側）を船で南下し、海からコルサコフに入っている。賢治をはじめ、山本有三《やまもとゆうぞう》、山口誓子《やまぐちせいし》、斎藤茂吉《さいとうもきち》、林芙美子《はやしふみこ》と、この港から樺太に上陸した作家は多くいるが、それよりずっと前のロシア領時代、チェーホフを乗せた船がここに入港していたのだ。

日本とロシアの歴史の中で、次にコルサコフが前面に現れてくるのは、日露戦争の末期である。

日露戦争が始まったのは、チェーホフが没した一九〇四（明治三十七）年。おもに遼東《りょうとう》半島と満洲《まんしゅう》南部、日本近海で戦闘が行われ、当初はサハリンが戦場となることはなかった。

だが、一九〇五（明治三十八）年五月の日本海海戦に勝利をおさめた日本軍は、七月にサハリンに侵攻した。講和を有利な条件で進めるためである。

このとき上陸したのが、コルサコフの東にあるメレイ（女麗）で、翌日にはコルサコフを占領した。サハリンは、日本が初めて占領したロシアの土地なのだ。

その後、ウラジミロフカ（樺太時代の豊原、現在のユジノサハリンスク郊外）にも侵攻して占領、別の部隊が北サハリンのアレクサンドロフスク・サハリンスキーに上陸してここも占領し、ロシア軍は降伏した。そして、講和会議で締結されたポーツマス条約で、日本はサハリン島の北緯五〇度以南を手に入れる。地名はすべて日本風に改められ、コルサコフは大泊になった。以後、第二次大戦末期にソ連軍が侵攻してくるまで、この島の南半分は、日本人の生活の場となったのである。

皇太子時代の昭和天皇がコルサコフで戦死者を祀った碑を訪れたと先に書いたが、それは日露戦争の慰霊碑だった。昭和天皇が樺太にやって来た一九二五年は、日露戦争が終結し南樺太が日本の領土となってからちょうど二十年後に当たる。

このときの昭和天皇の滞在期間は五日だった。二日目は大泊から鉄道で豊原に移動し、樺太庁、樺太神社、豊原中学校、豊原地裁などを訪問。三日目は農事試験場、四日目はマス・ニシンの漁場を視察し、五日目に真岡《まおか》（現在のホルムスク）をへて本斗《ほんと》（同ネベリスク）港から帰京している。

宮沢賢治が訪れた製紙工場

宮沢賢治が樺太を旅したのは、先に書いたように、昭和天皇がやって来る二年前、一九二三（大正十二）年である。

この旅の行程は研究者によってほぼ判明している。賢治の乗った稚泊連絡船・対馬《つしま》丸は、八月二日午後十一時三十分に稚内を出港した。当時の時刻表によれば、大泊着は翌朝の七時三十分。宗谷海峡を渡るのに、八時間かかったことになる。

下船した賢治は、王子製紙大泊工場に向かった。ここに勤務する旧友の細越健氏に、農学校の教え子の就職について頼むためである。

王子製紙の工場は現在も残っている。「ヒロヒト岬」の高台を下りた私たちは、そこへ向かうことにした。

私たちは車を使ったが、賢治はおそらく徒歩だったろう。それでも二十分もあれば着いたはずだ。

私たちの乗った車は、工場に向かう途中で北海道拓殖銀行大泊支店の建物の前を通った。壊されずに残っているのは嬉しいが、傷みが激しく、無惨な姿をさらしている。ユジノサハリンスクにある豊原支店がきれいに修復されて美術館になっているのとは対照的で、何だか物悲しい。

十年ほど前の資料には柔道場になっていると書かれていたが、使われているようすはない。

それまでは、樺太時代の建物に出会うと必ず写真を撮っていたが、ここはカメラを向けるのにしのびなく、そのまま通り過ぎた。

この支店が建っているあたりが昔の繁華街で、栄町《さかえ》といった。大泊駅もこの近くにあったそうだ（現在のコルサコフ駅とは離れている）。

そこから三分も走らないうちに工場に着いた。昭和天皇も視察に来たという製紙工場は、朽ち果ててはいないものの、廃墟《はいきょ》となる途上にあるように見えた。

昭和初期の写真を見ると、工場の敷地内には原料の材木が大量に積み上げられ、二本の高い煙突から煙が上がっている。手前に二棟、奥の一段高くなったところに一棟の建物があり、まわりに従業員の住宅らしき長屋が見える。

現在、煙突は一本だけで、建物は三棟とも残っているが、白っぽい外壁がところどころはがれて、その下の石積みが見えている。石を積んで壁を立て、上から漆喰《しっくい》かコンクリートで塗り固めたのが崩れてきたのだろう。

敷地内に立つ数本の鉄塔には太い電線がからみつき、足もとには雑草が生い茂っていた。やはり十年ほど前の資料に、現在は段ボール工場になっているという記述があったが、工場が稼働しているようには見えなかった。

細越氏との面談を終えた賢治は、午前九時三十分の汽車で大泊駅を発《た》ったとされている。船が港に着いたのが七時三十分だから、大泊での滞在時間は二時間しかなく、この工場にいた時間は短かったと思われる。艀の乗り下りや港から歩いてきた時間を考えると、九時三十分発の汽車に乗るのは難しく、午後一時十分発の次の汽車に乗ったとする研究者もいる。

ともあれ、所期の目的を早々に果たした賢治は、北へ向かう汽車に乗った。当時の日本最北の駅である栄浜まではおよそ五時間半。宮沢賢治、樺太での鉄道旅の始まりである。

二　賢治が乗った泊栄線

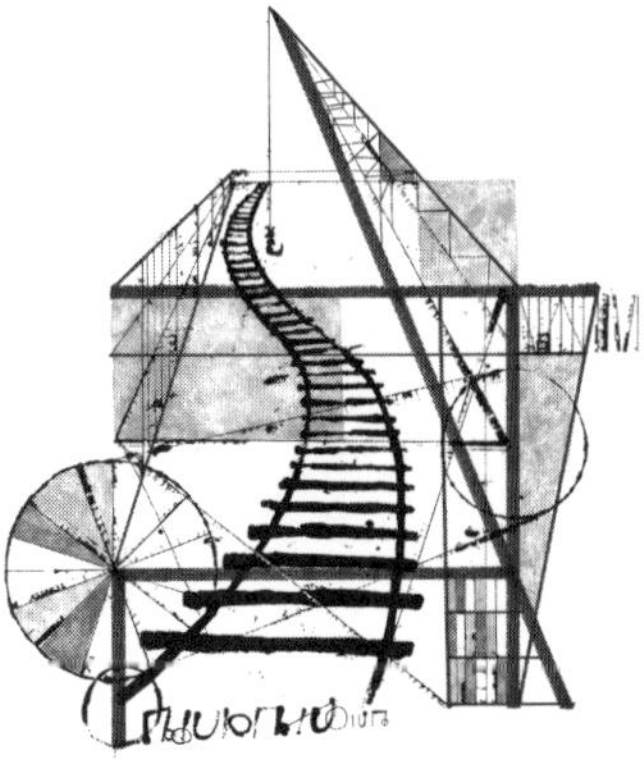

樺太時代の鉄道路線

賢治が樺太《からふと》で乗ったのは、大泊《おおどまり》（現在のコルサコフ）から栄浜《さかえはま》（同スタロドゥプスコエ）までほぼまっすぐ北上する、当時、泊栄《はくえい》線と呼ばれた路線である。

泊栄線は樺太でもっとも早く整備された路線で、途中の主要駅には、樺太庁が置かれていた豊原《とよはら》（同ユジノサハリンスク）や、王子製紙の工場があった落合《おちあい》（同ドーリンスク）がある。

この路線は、いまも同じルートを走っている（落合―栄浜間の一〇・三キロは一九九〇年代初頭に廃止）。第二次大戦後に樺太を占領したソ連は、日本の統治時代に整備された鉄道をそのまま利用し、それが現在まで引き継がれているのだ。

樺太の鉄道の歴史は、日露戦争が終結した翌年の一九〇六（明治三十九）年に建設された軍用鉄道から始まった（当時の樺太には軍政が敷かれていた）。大泊—豊原間の四三・三キロを結ぶ、軌間六〇〇ミリの軽便鉄道である。九月に工事が始まり、一二月には開通という突貫工事だったという。

使われた車両は、二両を反対向きに結合したドイツ製の野戦用機関車五組と、無蓋《むがい》貨車約四〇両。一般客も乗車できたが、客車はなく、無蓋貨車に天幕を張って代用した。

翌一九〇七（明治四十）年三月には軍政が廃止され、四月に樺太庁が設置された。軍用鉄道は樺太庁に引き継がれ、八月から樺太庁鉄道として営業を開始する。一九一〇（明治四十三）年には、軌間を日本内地と同じ一〇六七ミリに改める工事が行われた。

この時点では豊原までしか通じていなかった樺太庁鉄道が、栄浜まで延伸したのは、翌一九一一（明治四十四）年一二月のことである。それまで漁業を中心とする小さな集落だった栄浜は、樺太庁鉄道の終点となったことで、知取《しるとる》（現在のマカロフ）や敷香《しすか》（同ポロナイスク）といった、東海岸にある北部の町との中継地となり、船便の発着で賑《にぎ》わった。

ちなみに、賢治が訪れた一九二三（大正十二）年の樺太には、泊栄線のほかに以下の二路線があった。

▽川上《かわかみ》線　泊栄線の小沼《こぬま》（同ノヴォアレクサンドロフスク）から内陸部の川上炭山に至る路線

▽西海岸線　南部西海岸の主要な港である、本斗《ほんと》（同ネベリスク）—真岡《まおか》（同ホルムスク）—野《の》田《だ》（同チェーホフ）を結ぶ路線

このほかに、豊原と真岡を結ぶ東西の連絡路線である豊真《ほうしん》線が一九二一（大正十）年に着工

されていたが、まだ開業に至っていなかった。

豊真線は樺太の背骨にあたる山脈を横切る山越えの路線で、十五のトンネルと三十五の橋梁《きょうりょう》を建設しなければならなかった。急勾配《こうばい》やカーブの難所も多く、当初の予算を大きく超過。工事は長期にわたり、一九二八（昭和三）年にようやく全線開業にこぎつけた。完成まで七年かかったことになる。

大泊駅とコルサコフ駅

賢治が樺太にやってきたころの大泊駅は、栄《さかえ》町と呼ばれていた地区にあった。〝ヒロヒト岬〟の高台を下りた私たちが王子製紙大泊工場跡に行く途中に通った、北海道拓殖銀行大泊支店の建物のあたりである。賢治が来た当時はこの支店はまだなかったが、栄町は大泊の中心で、商店も多く賑わっていた。駅舎は洋風で、駅前広場もあったというが、いまはごく普通の交差点があるだけで、痕跡《こんせき》は残っていない。

現在のコルサコフ駅は、その交差点から北西に二十分ほど歩いたバグザーリナヤ通り沿いにある。行ってみると、そっけない箱形の駅舎が建っていた。白とベージュのコンクリート製である。入り口には鍵《かぎ》がかかっていて、中に入ることはできない。

駅舎の脇を廻《まわ》ってホームのある側に出ると、広大なヤードに、長い編成の巨大な貨車がいくつも停まっていた。背後は港で、クレーンが林立し、コンテナが積まれているのが見える。

旅客列車らしきものは見当たらない。この駅を発着する客車の本数は極端に少なく、稚内《わっかない》からの連絡船で港に着いた人のほぼ全員が自動車かバスを利用すると聞いてはいたが、この光景を見て、現在のコルサコフ駅がほとんど貨物駅になっていることがあらためてわかった。

時刻表を見ると、コルサコフ駅を発車する旅客列車は、ユジノサハリンスク行きの一日二本のみ。午前に一本（平日は午前六時五十二分、土日は午前十時三十四分発）、午後に一本（午後七時五十四分発）で、ユジノサハリンスクまでの所要時間はちょうど一時間である。

到着する旅客列車はというと、平日はユジノサハリンスクから午後七時三十一分に着く一本のみ。午前中に到着する列車（午前十時十一分着）があるのは土日だけである。

しかも、出発前に旅行代理店のA氏から聞いたところでは、この時刻表も実はあてにならず、予告なく運休することがあるという。サハリンのガイドブックや紀行文にも同様のことが書いてあり、実際に走っている本数はさらに少ないことになる。

日本時代の大泊駅は、多いときで一、二時間に一本の割合で旅客列車が発車していたというが、現在は線路とほぼ並行する道路が整備されていて、コルサコフ―ユジノサハリンスク間は四十分ほどで移動できる。地元の人も旅行者も、そちらを使っているようだ。だが私としては、九十五年前に賢治が樺太で乗車したこの路線に乗りたかったし、乗るつもりだった。賢治の足跡をたどる旅なのだから当然である。

どんなに本数が少なかろうが、しばしば運休しようが、廃線になってさえいなければ、乗れないことはない。朝の列車に乗れなければ、夜まで待てばいいじゃないか！　一日目が駄目なら、二日目にまた行けばいいじゃないか！　そう熱く決意していたのだが、日本を出発する前に、旅行代理店のA氏から、とんでもない情報が飛び込んできた。

「全島で鉄道運休」の衝撃

サハリンの鉄道は現在、大規模な改軌工事を行っており、一定期間、全島で運行を取りやめる。その時期が私たちの滞在期間と重なるというのである。つまり、今回の旅では、鉄道には一切乗れないということだ。

3線式の枕木とレール。左のレールの外側に、もう一本溝がある

全島で運休？　そんな馬鹿な！　A氏からの連絡メールの画面を見た私は、思わず叫んだ。

日本が敷設した狭軌（日本国内の在来線と同じ一〇六七ミリ）から、ロシア基準の広軌（一五二〇ミリ）に移行するため、工事が行われていることは知っていた。A氏からのメールを見て衝撃を受けた私は、あらためてファイルしておいた資料を引っ張り出した。

二〇一七（平成二十九）年六月四日付の北

海道新聞。筆者は同紙の前ユジノサハリンスク支局長の則定隆史《のりさだたかふみ》さんである。『樺太』の線路消えゆく名残」と題されたその記事によると、改軌工事が始まったのは二〇〇三年。それがいまだに終わっていないのだ。

北海道よりも狭いサハリンで、十五年も工事をやって完了しないとは、いくらなんでも悠長すぎないか、なぜまとめて短期間にできないんだ——最初にこの記事を読んだとき、私はそう思った。

それがようやく完了するのはめでたい話だが、何も私が行くときにやらなくてもいいではないか。それにサハリン全土で鉄道を止めるというのは、あまりに過激ではないだろうか。それも一日や二日ではないようだ。市民生活に影響は出ないのか？

しかし私がいくら悲憤慷慨《こうがい》しても、止まっている鉄道を動かすことはできない。例年は六月から九月まで運航される宗谷《そうや》海峡の連絡船が、この年は休止されるというニュースが流れたこといい、今回の旅には出発前から暗雲が垂れこめていた。

だがこれは私が不運なのではなく、サハリンとは、多くの不確定要素をはらんだ土地なのだと考えることにした。取材がスムーズにいかないときは、その理由の中に、その土地や人物の「らしさ」があらわれているものなのである。

話をコルサコフ駅に戻そう。

私は構内の線路のレールと枕木に注目した。すでに広軌に変更されているかを確認しようと思ったのだ。軌間、つまり二条のレールの間の距離を測ればわかることである。柘植青年に

「ドラえもんのポケットみたいっすね」と言われた私のバッグには巻き尺が入っていたのだが、構内に人影がまったくないとはいえ、線路に立ち入るのは、さすがにはばかられる。

だが、測る必要はなかった。ホームから見下ろしただけで一目瞭然《りょうぜん》だったのだ（サハリン鉄道のホームは低いので線路がよく見える）。

枕木はがっしりしたコンクリート製で、三線式になっていた。レールを載せる溝が三本あり、狭軌から広軌に切り替えられるようになっているのだ。

レールが載っているのは、外側の溝と真ん中の溝だった。真ん中のレールをもう片方の外側に移せば、レールの幅が広がって広軌になる。つまり現在のところはまだ狭軌であるということだ。

コルサコフのセブン-イレブン

コルサコフ駅を後にした私たちは、線路と並行して走っている幹線道路を車で北へ、つまりユジノサハリンスク方向へ向かうことにした。

その途中、コルサコフ港の近くでセブン-イレブンを発見した。ビルの一階に小さなドアと看板だけがあり、中は見えない。看板にはセブン-イレブンのロゴマーク

コルサコフのセブン - イレブン

が描かれているが、その上にロシア語の文字がある。

「セブン-イレブンをロシア語で書くとああなるんですか?」

ガイドのワシーリーさんに訊《き》くと、

「いえ、あれは、〈ミニストップ〉という意味です」

という答えが返ってきた。

「どっちだよ~!」と言いながら、柘植青年と一緒に店に入ってみた。ドア横の壁に営業時間を記したプレートが掛かっていて、「8:00~22:00」と書かれている。午前七時から午後十一時までやっているわけではないらしい。

店の中は、小ぎれいなミニスーパーといった印象である。生鮮品はハムやチーズくらいしかなく、飲み物や菓子類が多いのはコンビニに近い感じだ。

飲み物の冷蔵ケースにはさまざまな種類のビールが並んでいた。知っているブランドはハイネケンくらいで、あとはロシアのビールである。

サハリンはビールが美味《おい》しいことに、一度目に来たときから気づいていた。なんといってもクラフトビールの種類が多いのがいい。国内ではどこへ行っても地ビールを見つけると必ず飲んでみる私には天国だった。

柘植青年が「こんなのもありますよ」と、冷蔵ではない棚から持ってきたのは、ペットボトルに入ったビールだった。ペットボトル入りの赤ワインを見かけたことはあるが、ビールというのは初めてである。

容量は一・五リットル。見た瞬間「大きい！」と思った。ラッパ飲みしたらさぞ豪快だろう。ワシーリーさんが「それはこの街で作られているビールです」と教えてくれた。コルサコフにはビール工場があるそうだ。

そういえばコルサコフの歴史を知るために集めた資料の中に、樺太時代に日本酒の醸造所があったという話があった。もしかしたらそこをビールの醸造所に転用したのだろうか。別のペットボトルビールのラベルには神社の絵が描かれたものがあったし、冷蔵ケースの中には、大きな文字で「お米」と書かれた缶ビールもあった。まさか、ビールの原料に米を使うということはないと思うが……。

ペットボトル入りのビールは、柘植青年が会社の先輩へのお土産に買った。私はホテルの部屋で飲むために、瓶入りのクラフトビールを二本買って店を後にした。

旧泊栄線の駅を訪ねる

ユジノサハリンスク方向に向かう幹線道路からは、並行して走る線路が左手に見える。列車に乗ることができなかったのは残念だが、車窓からの景色は、車でもそれほど変わらないはずだと自分を慰めた。

コルサコフを出てしばらくは、左手に海が見えていた。アニワ（樺太時代は「亜庭」と書いた）湾である。海が途切れると、左手にはなだらかな平原が、右手には小高い丘陵地が続く。

線路が道路より一段低い場所を通っているところにさしかかり、車の窓から見下ろすと、小さな駅が見えた。駅舎はなく、駅名標とバス停のような雨よけがあるだけだ。

道路と駅をつなぐコンクリートの階段を使ってホームに下り、駅名標の文字をワシーリーさんに読んでもらった。

「ダーチノエ。コルサコフから六つめの駅です。樺太時代は新場《しんば》といいました」

気がついたのは、ホームがずいぶん短いことだ。この路線を走っているのは二両編成のディーゼルカーだけなので、長いホームは必要ないのだ。

前出の北海道新聞の記事によれば、このディーゼルカーというのは、日本製のD2系気動車で、一九八五（昭和六十）年に輸入された十編成のうちの二編成だという。一九八五年といえばペレストロイカの前で、サハリンには渡航できなかった時代である。だが車両だけは海を渡り、これまで三十年以上にわたって、地元の人たちの役に立ってきたのだ。

それを知ると、乗れなかったことがますます残念に思える。日本製ということは改軌が完了すれば使用できないわけで、またサハリンに来ることがあっても、そのときは引退してしまっているだろう。

改軌といえば、この駅でもレールと枕木をチェックしてみた。コルサコフ駅と同様、三線式の枕木の外側の溝と真ん中の溝にレールが載っていた。これから広軌に変えるのだろう。コルサコフ駅と違うところは、枕木のコンクリートが真新しかったことだ（コルサコフ駅では枕木を交換してかなり時間がたっているようで、黒ずんでいた）。次のミツリョフカ駅（日本時代の中里《なかさと》

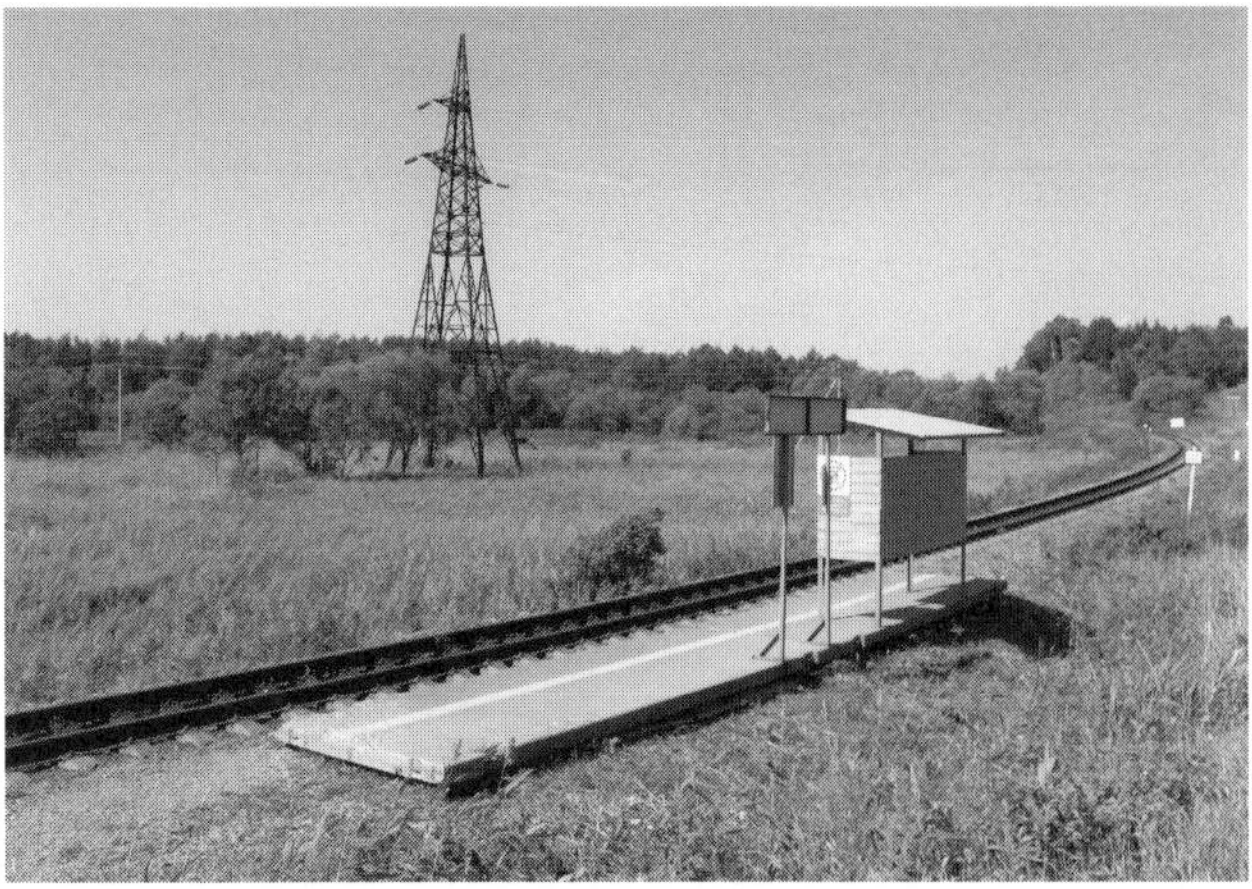

ダーチノエ（新場）駅。ホームはごく短い

駅）でも車から降りてホームまで行ってみたのだが、やはり三線式の枕木になっていて、コンクリートは真新しかった。

中里駅の近くには、明治時代に軍用の軽便鉄道の敷設工事が行われた際に、内地から赴任してきた鉄道技師たちの官舎があったとワシーリーさんが教えてくれた。ソ連時代にはこの付近に農業試験場が作られ、現在の駅名であるミツリョフカは、サハリンの有名な農業学者の名前から取られているそうだ。

ワシーリーさんはとにかく博識である。ウラジオストクの北にあるウスリースクの大学で動物学と植物学を専攻したそうで、サハリンの歴史だけではなく、植生にもとても詳しい。どんな樹でも花でも、こちらが指さすだけで、たちどころにロシア語と日本語の名前を教えてくれる。おかげでこのあと、私はずいぶん助けられることになる。サハリンには宮沢賢治の詩や小説に出てくる植物がたくさんあるのだ。

賢治が見た鉄道沿線の景色

少し前のガイドブックや紀行文を読むと、サハリンの道路事情がいかに悪いかという話がしばしば出てくる。だがコルサコフとユジノサハリンスクを結ぶ道路はよく整備されていて快適だった。

道路沿いに商店はほとんどなく、目障りな看板もない。人家は遠くにぽつりぽつりと見える程度で、見晴らしがよく、空が広く感じられる。

九十五年前に賢治が通ったときの景色はどうだったのか。地形そのものは変わっていないだろうが、周囲には森林が広がっていたはずだ。だが、大泊から栄浜までの汽車の中で書かれた文章は残っていない。

花巻《はなまき》を出発してから大泊に到着するまでは、賢治は折々に詩を書いている。東北本線の車中、青函《せいかん》連絡船の船上、北海道の駒ケ《こまが》岳《たけ》付近、途中下車した旭川《あさひかわ》、宗谷海峡の稚泊連絡船の船上と、その数は五篇《へん》にのぼる。内容についてはのちに見ていくが、そのすべてに印象的な風景描写がある。

終着駅の栄浜で列車を降りたあとは、海岸で長い詩を書いているし、一泊しての帰路でも、列車の中で「樺太鉄道」「鈴谷《すずや》平原」の二篇を書いている。だが、初めて乗った樺太の鉄道である泊栄線の中では、何も書いていないのだ。

それはなぜなのか。深夜の長い船旅（おそらくほとんど眠っていない）のあとで製紙工場に赴き、教え子の就職の依頼をしたあとなので、疲れ切っていたのだろうか。それとも、樺太の風景が、それほど心ひかれるものではなかったのか。

おそらくそうではないだろう。このときの賢治は、あこがれていた北の異郷を、大好きな鉄道に乗って走っていたのだ。樺太の海や空や鳥や樹々を見、その空気を感じるのに夢中だったのではないだろうか。

宗谷海峡には八田《はった》線と呼ばれる生物の分布境界線があり、その南と北とでは動物相が異なっている。これは動物学者の八田三郎《さぶろう》によって一九一〇（明治四十三）年に提唱された学説で、賢治も知っていたはずだ。別種の生きものが暮らす、本州とも北海道とも違う土地に初めてやってきたのだから、下を向いて文字を書くより、窓の外をひたすら眺めていたかったに違いない。

この旅は、最愛の妹を失った翌年の傷心旅行であり、花巻を出てから樺太の地に立つまでに書かれた詩は、深い悲しみと怒りで満ちている。描かれている風景も暗く、宗谷海峡を渡る連絡船の中で書かれた詩には、賢治が死に接近していたことを思わせるフレーズも出てくる。

だが、大泊から栄浜まで五時間半におよぶ鉄道の旅をしたあと、栄浜で書かれた詩には、それまでとは違う、不思議なほど澄んだ空気が流れている。

朝顔よりはむしろ牡丹《ピオネア》のやうにみえる
おほきなはまばらの花だ
まつ赤な朝のはまなすの花です
ああこれらのするどい花のにほひは
もうどうしても　妖精のしわざだ
無数の藍いろの蝶をもたらし
またちひさな黄金の槍の穂
軟玉の花瓶や青い簾《すだれ》
それにあんまり雲がひかるので
たのしく激しいめまぐるしさ

（「オホーツク挽歌《ばんか》」より）

鉄道に揺られてたどり着いた海岸で、サガレン（賢治はこの地をそう呼んだ）という土地の何か——それは賢治がこの詩の中で「妖精」と呼んでいるものかもしれない——が、憔悴《しょうすい》しきった心に、新鮮な風を吹かせたのではないか。私はそう思うのだ。

三　「青森挽歌」の謎

「北方志向」と「鉄道愛」

花巻《はなまき》を出発してから樺太《からふと》に至るまでの間、賢治はどんな旅をしてきたのだろうか。

賢治が乗ったのは、花巻駅を七月三一日午後九時五十九分に発車した、青森行き夜行列車（午前六時二十分上野《うえの》発の八〇三列車）である。

この旅と同じく、岩手県の駅から乗車して北に向かう鉄道を描いた作品が賢治にはある。樺太行きからさかのぼること三か月半、地元の新聞に掲載された「氷河鼠《ひょうがねずみ》の毛皮」である（大正十二年四月一五日「岩手毎日新聞」）。

物語はこんなふうに始まる。

このおはなしは、ずゐぶん北の方の寒いところからきれぎれに風に吹きとばされて来たのです。氷がひとでや海月《くらげ》やさまざまのお菓子の形をしてゐる位寒い北の方から飛ばされてやつて来たのです。

十二月の二十六日の夜八時ベーリング行の列車に乗つてイーハトヴを発《た》つた人たちが、どんな眼にあつたかきつとどなたも知りたいでせう。これはそのおはなしです。

（「氷河鼠の毛皮」より）

イーハトヴはよく知られた賢治の造語で、理想郷としての岩手県のことだ。そこから、ベーリングへ向かう列車が出発する。ベーリングとは、北方にある架空の都市（ベーリング海からきているのだろう）である。樺太への旅とは違って季節は冬だが、花巻を思わせる岩手県の駅から、北の異郷へ向かう列車に乗り込むところは同じだ。

賢治には鉄道をテーマにした作品がいくつもあるが、この童話は樺太への旅と近い時期（出発のおよそ三か月半前）に発表されている。

物語の中でベーリング行きの列車がイーハトヴを発つ夜はひどい吹雪だが、停車場は暖炉の火が愉快に赤く燃え上がり、機関車は暖かそうな湯気を吐いている。客車には明るく電燈がともり、赤いカーテンがおろされてプラットホームに並んでいる。

駅夫が「ベーリング行、午後八時発車、ベーリング行」と叫んで待合室に入ってくると、改札のベルが鳴り、乗客たちはトランクや袋をもって乗車する。

間もなくパリパリ呼子が鳴り汽缶車《きくわんしや》は一つポーとほえて、汽車は一目散に飛び出しました。何せベーリング行の最大急行ですから実にはやいもんです。見る間にそのおしまひの二つの赤い火が灰いろの夜のふゞきの中に消えてしまひました。

（同前）

汽車旅行の始まりである。はるか北へ向かう列車という設定と、停車場や列車の楽しげな描写からは、賢治の北方への志向と、鉄道への愛情が見てとれる。

中心となる登場人物は、氷河鼠を四百五十四分も使った毛皮の上着を着こんだタイチという名の男。北極の近くまで行って黒狐の毛皮を九百枚とってくると豪語するタイチを、途中から汽車に乗りこんで来た男たち（実は白熊らしい）が連れ去ろうとする。それを、乗り合わせた青年が説得して助けるという短い物語なのだが、その途中に、乗務員が乗客に紅茶を売りにくる場面がある。

「紅茶はいかゞですか。紅茶はいかゞですか」

白服のボーイが大きな銀の盆に紅茶のコップを十ばかり載《の》せてしづかに大股《おほまた》にやつて来ました。

「おい、紅茶をおくれ」イーハトヴのタイチが手をのばしました。ボーイはからだをかゞめてすばやく一つを渡し銀貨を一枚受け取りました。

（同前）

乗務員が紅茶を運んでくる急行列車といえば、シベリア鉄道である。いかにもロシアの鉄道らしい慣習で、二〇一七年の一一月に私たちが乗ったサハリンの寝台急行でも、白服のボーイならぬ制服の女性車掌が、コンパートメントを回って紅茶の注文を取っていた。車窓の冬景色といい、この作品に出てくる「ベーリング行の最大急行」は、シベリア鉄道を思わせる。

シベリア鉄道が全線開通したのは日露戦争中の一九〇四（明治三十七）年。工事が始まったのが一八九一（同二十四）年だから、十三年かかったことになる（現行ルートの全線開通は一九一六年）。

日本人でも多くの著名人がこの鉄道に乗った。一九一二（明治四十五）年、ストックホルムオリンピックに出場するため、マラソンの金栗四三《かなくりしそう》選手らが、シベリア鉄道で大陸を横断する場面がＮＨＫ大河ドラマ「いだてん」にあったし、同じ年、歌人の与謝野晶子《よさのあきこ》が、やはりシベリア鉄道で夫・与謝野鉄幹《てっかん》のいるパリに向かっている。

どちらも当時大きく報道されたので、賢治の中にもシベリア鉄道のイメージがあり、それが、二十年ほど前までロシアだった樺太の地を走る鉄道への興味につながったのかもしれない。

青森挽歌と銀河鉄道

だが、同じイーハトヴから北方へ向かう汽車旅行でも、賢治自身の樺太への出発は、この物語の冒頭部分のように心はずむものではなかった。未知の土地へ鉄道で旅立つよろこびはあったはずだが、この時期の賢治の心は暗く沈んでいたのだ。

賢治の乗った列車が青森駅に着いたのは、翌八月一日の午前五時二十分。それまでの七時間二十一分を東北本線の車中で過ごしたことになる。

この車中で賢治は「青森挽歌《ばんか》」を書いた（翌年四月二〇日刊行の詩集『春と修羅』に収録）。二百五十行あまりの長い詩で、末尾に「一九二三、八、一」と日付がある。

『春と修羅』は生前に刊行された唯一の詩集（自費出版）だが、賢治はこれを詩集と呼ばず「心象スケッチ」と称した。「青森挽歌」は、車窓に流れる景色と、それに呼応して心中に去来する思いが、まさにスケッチのように書きとめられている。

こんなやみよののはらのなかをゆくときは
客車のまどはみんな水族館の窓になる
　（乾いたでんしんばしらの列が
　せはしく遷《うつ》つてゐるらしい
　きしやは銀河系の玲瓏《れいろう》レンズ
　巨《おほ》きな水素のりんごのなかをかけてゐる）

（「青森挽歌」より）

「青森挽歌」の冒頭である。闇夜を走る列車の窓を水族館の水槽のガラスになぞらえ、透明なレンズのような銀河系を汽車が駆け抜けるという美しいイメージは、のちに書かれる『銀河鉄道の夜』につながっていくものだ。

列車はやがて、ある駅にさしかかる。

あいつはこんなさびしい停車場を
たつたひとりで通つていつたらうか
どこへ行くともわからないその方向を
どの種類の世界へはひるともしれないそのみちを
たつたひとりでさびしくあるいて行つたらうか
（同前）

「あいつ」とは、前年の一一月に亡くなった妹トシのことである。

このとき賢治の中にあったのは、最愛の妹を失った悲しみだけではなかった。死んだあと、妹はどこへ行ったのか。いまどこにいるのか。そのことがずっと心にかかっていたのだ。それは、妹を悼む深い思いであると同時に、信仰上の重要な問題でもあった。

賢治は仏教の信仰の篤《あつ》い家に育った。父親は熱心な浄土真宗の信徒で、賢治も幼少時からその教えに親しんで育つ。だが青年期に法華経《ほけきよう》に出会い、自分だけが極楽往生するのではなく、他者（衆生）の救済を目指す思想に強くひかれ、一九二〇（大正九）年、二四歳のときに日蓮《にちれん》宗の宗教団体「国柱会《こくちゆうかい》」に入会した。

賢治にとって信仰とは心のありようの問題にとどまらず、生活のあらゆる場面で実践すべきものだった。詩や童話を書くことも例外ではなく、「グスコーブドリの伝記」などに見られる自己犠牲にしても、「農民芸術概論綱要」で主張した「世界がぜんたい幸福にならないうちは個人の幸福はあり得ない」という考え方（それは『銀河鉄道の夜』でジョバンニがカムパネルラに言う「僕もうあんな大きな暗《やみ》の中だってこはくない。きっとみんなのほんたうのさいはひをさがしに行く。どこまでもどこまでも僕たち一緒に進んで行かう。」という言葉にもあらわれている）にしても、その根底には法華経の思想が流れている。

賢治の信仰は熱烈なもので、法華経に深く帰依するにつれ、浄土真宗を信仰する父親との倫理観や人生観の違いがあらわになる。仏教を重んじ、地域社会に尽くす篤実な人物として尊敬を集めている父親も、賢治には現世の幸福を求める世俗的な存在に思え、次第に亀裂《きれつ》が深まっていった。

トシはそんな賢治の理解者だった。賢治と同様、求道的な精神の持ち主で、この世における満足よりもっと大切なものがあると考えていた。

年若いトシが生と死について深く考えていたことがわかる手紙が残っている。死期の近づいた祖父に宛てたものだ。

賢治とトシの祖父である喜助は一九一七（大正六）年に七七歳で亡くなるが、病を得た晩年、食物その他、生活上のあれこれに対して不服を言うことが増え、贅沢《ぜいたく》を求めるようになっていった。当時、日本女子大学校に通っていたトシが喜助に宛てて書いた手紙の中にこんな一節がある。

よき食物やよき着物、住居に何不自由なくおおき申すと云《い》ふ事は無上の孝行にはあらずと思ひ候　それらは只《ただ》この短き間のからだを養ひ喜ばせるまでにて、死後の大事に比べてはあってもなくてもよき物と思ひ候
（大正五年六月二一日）

現世の喜びは「死後の大事」にくらべれば取るに足りないことだと言っている。このときトシは一九歳の若さだったが、死は終わりではなく、死後どうなるか（どこへ行くか）こそが大切であると考えていたことがわかる。

このあと、トシはこう書いている。

私も大切なる死後の事一刻も早く心にきめる様にと思ひ居《を》り候へど未《いま》だ確かな信心もなく、このまゝに死ぬ時は地獄にしか行けず候
（大正五年六月二三日）

死後のことは、まさに死にゆこうとしている老人である祖父だけではなく、トシ自身にも重要なことだった。彼女にとってそれは、何を信じ、どう生きるかという、信仰と人生の問題そのものだったからだ。賢治とトシは仲のいい兄妹というだけでなく、信仰上の問題を共有する同志でもあった。

妹トシの「死後の行き先」

そのトシが二四歳で病死する。息を引き取る妹をかたわらで見守った賢治は、そのときのことを書いた詩の中で、トシが自分を置いてひとりでどこかへ去ろうとしていることを悲しみ、それがどこなのかを繰り返し問うている。

ああけふのうちにとほくへさらうとするいもうとよ
ほんたうにおまへはひとりでいかうとするか
わたくしにいつしよに行けとたのんでくれ
泣いてわたくしにさう言つてくれ
（「松の針」より）

こんなにみんなにみまもられながら
おまへはまだここでくるしまなければならないか
ああ巨きな信のちからからことさらにはなれ
また純粋やちひさな徳性のかずをうしなひ
わたくしが青ぐらい修羅をあるいてゐるとき
おまへはじぶんにさだめられたみちを

ひとりさびしく往《ゆ》かうとするか
信仰を一つにするたつたひとりのみちづれのわたくしが
あかるくつめたい精進《しやうじん》のみちからかなしくつかれてゐて
毒草や蛍光菌のくらい野原をただよふとき
おまへはひとりどこへ行かうとするのだ

（「無声慟哭《どうこく》」より）

死とはすべての消滅なのか。死んだ瞬間からその人は、肉体だけを残して本当に消えてなくなるのか。それは、愛する人を亡くしたとき、誰もが抱く問いである。賢治はそれをさらに突きつめて考え、この問題と向きあおうとした。

当時の賢治は、ここに引いた「無声慟哭」に「ああ巨きな信のちからからことさらにはなれ／また純粋やちひさな徳性のかずをうしなひ」「あかるくつめたい精進のみちからかなしくつかれてゐて／毒草や蛍光菌のくらい野原をただよふ」などとあるように、一生をかけて仏の道を生きようとする情熱の一方で、自分の欲望や弱さを自覚し、迷いに捉《とら》えられていた。

だからなおのこと、トシが信仰の力によって死の直前の苦しみから脱し、清らかで安らかな場所に行きつくことができたかどうかは、重要な問題だったのである。

死後、妹はどのような道をたどってどこへ行ったのか。この問いを深く問うために、日常とは別の時間が流れる汽車の旅を、賢治は必要としたのではないだろうか。その旅にふさわしいのは、できるだけ遠い、未知の場所だったろう。

そうして賢治は、汽車に乗った。前方からやって来ては後方へと流れ去っていく車窓の景色と、レールと車輪がふれあって刻む単調なリズム。自分を取り巻くものがその二つしかない鉄道の旅では、心をからっぽにして何も考えないこともできるし、何ものにも邪魔されず一つのことを考え続けることもできる。窓の外を見ていた賢治はやがて、トシの死後の行き先について考えはじめる。

かんがへださなければならないことは
どうしてもかんがへださなければならない
とし子はみんなが死ぬとなづける
そのやりかたを通つて行き
それからさきどこへ行つたかわからない

（「青森挽歌」より）

そして、トシの臨終の様子を思い出す。

にはかに呼吸がとまり脈がうたなくなり
それからわたくしがはしつて行つたとき
あのきれいな眼が
何かを索《もと》めるやうに空《むな》しくうごいてゐた

それはもうわたくしたちの空間を二度と見なかつた
それからあとであいつはなにを感じたらう
（中略）
わたくしたちが死んだといつて泣いたあと
とし子はまだまだこの世かいのからだを感じ
ねつやいたみをはなれたほのかなねむりのなかで
ここでみるやうなゆめをみてゐたかもしれない
そしてわたくしはそれらのしづかな夢幻が
つぎのせかいへつゞくため
明るいいゝ匂のするものだつたことを
どんなにねがふかわからない

（同前）

「青森挽歌」はどこで書かれたか

ところでこの「青森挽歌」が書かれたのは、花巻から青森に至るルートのどのあたりだろう。汽車がすでに青森県に入っていたことはタイトルから明らかだが、私の推測では、おそらく小《こ》湊《みなと》駅から青森駅までの区間である。

その根拠は、この詩の初めの方に「わたくしの汽車は北へ走つてゐるはずなのに／ここではみなみへかけてゐる」という部分があることだ。

北へ向かう汽車が、いったいなぜ南へ駆けているのか。少しあとに「汽車の逆行は希求《ききゅう》の同時な相反性」という一行があることもあって、この部分は賢治の心象をあらわした表現として、思想的・哲学的な解釈がなされることが多い。

たとえば、萩原昌好《はぎわらまさよし》『宮沢賢治「銀河鉄道」への旅』（河出書房新社）では、「列車の軌道上、花巻から青森までの北帰行に、南へ走ることはまず有り得ない。けれど、それを確信的に判断するのは、もし、方角や場所、あるいは時間といったものの所在が生と死という異質のものと等質化を遂げようとすると、まったく意味を喪失してしまうことを「ここでは」という一語で述べているのである」と解説されている。また、『日本近代文学大系36　高村光太郎《たかむらこうたろう》　宮沢賢治集』（角川書店）の注釈では「疲労して意識が朦朧《もうろう》としている時の方向感覚」としている。こちらは賢治の勘違いであるとする解釈である。

どちらもいまひとつピンとこなかった私だが、地図を開き、実際に鉄道が走っているルートをたどってみて、話はもっと単純であることがわかった。抽象的な解釈も、賢治の勘違いとする説も、花巻から青森までのどの区間においても線路がつねにまっすぐ北上するという思い込みからくる深読みである。賢治の乗った汽車は、このときほんとうに北から南へ走っていたのだ。

地図を見ると、花巻から北上する線路は、盛岡《もりおか》あたりからわずかに東寄りに進路を変えて八戸《はちのへ》に達する。八戸を過ぎると、ゆるく左にカーブして、今度は北西へと進む。

東北新幹線は八戸からまっすぐに新青森駅に向かってしまうが、賢治が乗った東北本線（この部分は現在第三セクターの「青い森鉄道」になっている）は、下北《しもきた》半島と津軽《つがる》半島にはさまれた夏泊《なつどまり》半島をぐるりと回るルートをとる。

夏泊半島は、陸奥《むつ》湾に突き出た小さな半島である。突端にもっとも近い駅が小湊駅で、そこを過ぎると、線路はゆるやかな弧を描きながら、南西へと進路を変える。ここは花巻—青森間で唯一、線路が北上するのではなく南下する区間なのである。賢治は抽象的な表現をしたのでもなく、勘違いをしていたのでもない。事実をそのまま書いたのだ。

南下の途中、浅虫温泉《あさむしおんせん》駅の前後では、ほぼ真北から真南へ汽車は走る。この区間では、線路は海沿いを通っている。時刻は夜明け前だ。おそらく次の部分は、そこにさしかかる前に書かれたものではないだろうか。

わたくしのこんなさびしい考は
みんなよるのためにできるのだ
夜があけて海岸へかかるなら
そして波がきらきら光るなら
なにもかもみんないいかもしれない
けれどもとし子の死んだことならば
いまわたくしがそれを夢でないと考へて
あたらしくぎくつとしなければならないほどの

あんまりひどいげんじつなのだ
（同前）

青森に着いた賢治は、午前七時五十五分発の青函連絡船で津軽海峡を渡った。乗った船は、藤原浩《ふじわらひろし》『宮沢賢治とサハリン』（ユーラシア・ブックレット）によれば、比羅夫《ひらふ》丸または田村《たむら》丸で、どちらも一九〇八（明治四十一）年に就航した英国製のタービン船だという。二隻は日本初のタービン船だったが、賢治が乗った翌年には車両ごと運ぶことのできる翔鳳《しょうほう》丸が就航し、青函航路は新時代を迎えることになる。

青森―函館《はこだて》間の所要時間は五時間。出航のとき、賢治は甲板に出て景色を眺めた。

さあいま帆綱はぴんと張り
波は深い伯林青《ブルシヤンブルウ》に変り
岬の白い燈台には
うすれ日や微《かす》かな虹といっしょに
ほかの方処系統からの信号も下りてゐる。
どこで鳴る呼子の声だ、
私はいま心象の気圏の底、
津軽海峡を渡って行く。
船はかすかに左右にゆれ

鉛筆の影はすみやかに動き
日光は音なく注いでゐる。

（「津軽海峡」より）

さわやかな朝の船出である。出航後、賢治は甲板で、「黒く尖った尾」と「滑らかに新らしいせなか」が波から現れるのを見る。「水の中でものを考へるさかな」、すなわちイルカである。きれいな潮水から跳ね上がり、弧を作ってまた落ちるイルカを見ながら、賢治はここでもやはりトシのことを考えていた。

こんなたのしさうな船の旅もしたことなく
たゞ岩手県の花巻と
小石川の責善寮と
二つだけしか知らないで
どこかちがった処へ行ったおまへが
どんなに私にかなしいか。

（同前）

四　移動する文学

津軽海峡のイルカ

賢治が青函連絡船の上で書いた詩「津軽《つがる》海峡」には、甲板から見たイルカの様子が描かれているが、のちに書かれる『銀河鉄道の夜』にも、ジョバンニやカムパネルラたちがイルカを見る場面がある。

それはたしかになにか黒いつるつるした細長いものであの見えない天の川の水の上に飛び出してちょっと弓のやうなかたちに進んでまた水の中にかくれたやうでした。（中略）ほんたうにそのいるかのかたちのをかしいこと、二つのひれを丁度両手をさげて不動の姿勢をとつたやうな風にして水の中から飛び出して来てうやうやしく頭を下にして不動の姿勢のまゝまた水の中へくぐって行くのでした。見えない天の川の水もそのときはゆらゆらと青い焔《ほのほ》のやうに波をあげるのでした。

（『銀河鉄道の夜』より）

『銀河鉄道の夜』には、樺太《からふと》への旅で賢治が見たものや、経験したことが反映されている場面がいくつかあるが、これもそのひとつである。

「津軽海峡」では、イルカが水からはねあがる様子を「ひれは静止した手のやうに見える」と描写していて、それはここに引いた「二つのひれを丁度両手をさげて不動の姿勢をとつたやうな風にして」という部分に対応している。

また「津軽海峡」には、「あれは鯨と同じです。けだものです」という一行が、誰かが言った言葉をあらわすカギ括弧《かつこ》つきで出てくるが、『銀河鉄道の夜』にも、「いるかお魚でせうか」と問う女の子に、カムパネルラが「いるか魚ぢゃありません。くぢらと同じやうなけだものです」と答える場面がある。

私も賢治と同じように、青函連絡船からイルカを見たことがある。

どこからか十頭ほどの群れがあらわれ、船と並んで泳ぎ始めた。甲板からすぐのところで、遊んでいるかのようにジャンプを繰り返しながらついてくる。それは数分間続き、甲板にいた人はみな歓声をあげた。高校二年生のときの修学旅行で、札幌《さつぽろ》から東京経由で京都・奈良に行く途中のことだ。

青函連絡船は一九八八（昭和六十三）年に廃止になった。私は合計で十回以上乗っているが、廃止のニュースを聞いたとき真っ先に思い出したのは、イルカの群れに心躍らせた、このときの経験だった。

私が野生のイルカに遭遇したのはそのときが初めてだったが、水族館で見たことはあった。だが賢治の時代には、一度でもイルカを見たことのある人はごく少数だったはずだ。そのせいもあるのだろう、「津軽海峡」でも『銀河鉄道の夜』でも、賢治によるイルカの描写は、いきいきとした好奇心にあふれている。

「津軽海峡」では、イルカの描写のあとに「こんなたのしさうな船の旅もしたことなく」という言葉でトシの死を悼んでいるし、『銀河鉄道の夜』の「ほんたうにそのいるかのかたちのをかしいこと」という表現には、めずらしくて面白いものに出会ったときの弾むような気分があらわれている。妹の死が絶えず心を占めていた樺太への旅の途上にあって、どこかユーモラスなイルカの姿は賢治に強い印象を残したのだろう。

ただ、いま流通している『銀河鉄道の夜』の本の多くには、イルカの登場する場面はない。それはなぜなのか。

『銀河鉄道の夜』の初稿が書かれたのは、樺太行きの翌年にあたる一九二四（大正十三）年頃とされる。その後、死の二年前の一九三一（昭和六）年頃まで推敲《すいこう》が繰り返されたが、生前には出版されなかった。そのため決定稿といえるものが存在せず、複数の異稿がある。

それらを研究者が綿密に検討した結果、大きな改稿が三回行われていることがわかった。つまり第一次稿から第四次稿まで、四種類の原稿が存在するのである。

イルカの場面があるのは、第一次稿と第二次稿で、第三次稿と第四次稿にはない。現在、多くの書籍で採用されているのは最終稿と考えられる第四次稿なので、イルカは登場しないのだ。ちなみにインターネット上で無料で読むことのできる「青空文庫」の『銀河鉄道の夜』の本文も、第四次稿にあたるものを底本としていて、イルカの場面はない。

個人的には、賢治と同じく青函連絡船からイルカを見て感激した経験があるので（私が見たのは一九七八年だから賢治の五十五年後ということになる）、賢治が最終的にこの場面を削ってしまったのは少し残念な気がする。だが幸いなことに、入手しやすいちくま文庫版の全集には、本文（第四次稿）に加え、第一次稿から第三次稿までが「異稿」として収録されているので、イルカの描写部分を読むことができる。

樺太への旅と『銀河鉄道の夜』

樺太への旅で見たものが『銀河鉄道の夜』に登場する部分はほかにもある。

「青森挽歌《ばんか》」の冒頭近く、「きしやは銀河系の玲瓏《れいろう》レンズ／巨《おほ》きな水素のりんごのなかをかけてゐる」という二行にすでに、銀河を走る鉄道という発想があらわれているし、そのあとの停車場の描写にも、『銀河鉄道の夜』と共通したイメージが見られる。

黄いろなランプがふたつ点《つ》き

せいたかくあをじろい駅長の
真鍮《しんちゆう》棒もみえなければ
じつは駅長のかげもないのだ

（「青森挽歌」より）

ところが改札口には、明るい紫がかった電燈が、一つ点《つ》いてゐるばかり、誰《たれ》も居ませんでした。そこら中を見ても、駅長や赤帽らしい人の、影もなかったのです。

（『銀河鉄道の夜』より）

また、ふたつの作品ではともに、苹果《りんご》が大きな役割を果たしている。先に引いた「青森挽歌」の冒頭近くでは、銀河が「巨きな水素のりんご」にたとえられているし、後半には次のような部分もある。

おもては軟玉《なんぎよく》と銀のモナド
半月の噴いた瓦斯《ガス》でいつぱいだ
巻積雲《けんせきうん》のはらわたまで
月のあかりはしみわたり
それはあやしい螢光板《けいくわうばん》になつて
いよいよあやしい苹果の匂を発散し

なめらかにつめたい窓硝子《ガラス》さへ越えてくる
（「青森挽歌」より）

一方、『銀河鉄道の夜』では、氷山にぶつかって沈んだ船に乗っていた幼い姉弟とその家庭教師の青年があらわれる直前に、苹果の匂いがしてくる。そして、青年が自分たちが救命ボートに乗れずに海に落ちた顚末《てんまつ》を話したあと、向かいの席にいる燈台看守が、ジョバンニ、カムパネルラ、姉弟、青年に、それぞれ大きな美しい苹果をくれるのだ。

こんな立派な苹果がどこでできるのかと訊《き》いた青年に、燈台看守は「この辺ではもちろん農業はいたしますけれども大ていひとりでにいゝものができるやうな約束になって居《を》ります」と説明する。

こうした会話が交わされているとき、窓の外には青く茂った大きな林が見え、その枝には熟してまっ赤に光る円い実がいっぱい実っている。この場面は、賢治自身が汽車で通った青森の景色を連想させる。

「青森挽歌」には、詩句の一部が共通する異稿「青森挽歌　三」が存在するが、そこにも「つめたい窓の硝子から／あけがた近くの苹果の匂が／透明な紐になって流れて来る」と、苹果の匂いが印象的に描かれている。

また「津軽海峡」にも、イルカの場面のほかにもうひとつ、『銀河鉄道の夜』と重なる描写がある。

二等甲板の船艙《せんさう》の
つるつる光る白い壁に
黒いかつぎのカトリックの尼さんが
緑の円い瞳をそらに投げて
竹の編棒をつかってゐる。

（「津軽海峡」より）

ジョバンニのうしろには、いつから乗ってゐたのか、せいの高い、黒いかつぎをしたカトリック風の尼さんが、まん円な緑の瞳《ひとみ》を、じっとまっすぐに落して、まだ何かことばか声かが、そっちから伝はって来るのを、虔《つつし》んで聞いてゐるといふやうに見えました。

（『銀河鉄道の夜』より）

かつぎ（被衣）とは頭からかぶる女性の衣服で、ここでは、キリスト教の修道女が身につける、頭や肩を覆う頭巾《ずきん》のことである。

青函連絡船の中で、編み物をする西洋人の尼僧を見た賢治は、「黒いかつぎ」と「緑の円い瞳」が強く印象に残り、『銀河鉄道の夜』の中の、窓の外に見えた白い十字架に向かって人びとが祈る場面に登場させたのだろう。

旭川での賢治

青函連絡船が函館《はこだて》港に着いたのは八月一日午後零時五十五分。賢治は函館桟橋駅（下船してすぐに乗車できるよう当時は桟橋の上に駅があった）を午後一時四十五分に出発する普通列車で函館本線を北上した。

列車は札幌駅をへて、翌二日午前四時五十五分に旭川《あさひかわ》駅に到着。賢治はここで下車し、旭川に七時間ほど滞在したあと、再び駅に戻って午前十一時五十四分発の急行で稚内《わっかない》に向かった。

旭川で賢治が何をしていたのかがわかる資料や証言はない。唯一の手がかりは、「旭川」という詩である。

植民地風のこんな小馬車に
朝はやくひとり乗ることのたのしさ
「農事試験場まで行って下さい。」
「六条の十三丁目だ。」
馬の鈴は鳴り馭者《ぎよしや》は口を鳴らす。
黒布はゆれるしまるで十月の風だ。

（「旭川」より）

「旭川」の冒頭である。これを読むと、賢治が旭川に立ち寄った目的は、農事試験場を訪ねることだったとわかる。そのために旭川駅前で馬車に乗ったのだ。

計画都市である旭川は、札幌と同じように、街路が碁盤の目のようになっている。六条十三丁目に向かうには、まず駅から北に延びる街道を進む。この街道は現在の平和通買物公園で、当時は「師団通り」と呼ばれた旭川のメインストリートである。詩はこう続く。

一列馬をひく騎馬従卒のむれ、
この偶然の馬はハックニー
たてがみは火のやうにゆれる。

(同前)

旭川は、精鋭として知られた陸軍第七師団のある軍都だった。賢治を乗せた馬車は、師団通りで騎馬従卒たちとすれ違う。彼らが引いている馬はハックニー種だった。

ハックニー種はイギリス原産で、強靭《きょうじん》な脚を持ち、歩き方の美しさで知られる馬である。馬車に使われたほか、軍馬としても活躍した。

このハックニー種を明治時代から輸入し、すぐれた馬を多く産出したのが岩手県の小岩井《こいわい》農場だった。

それもあってか、賢治にとっては親しみのある馬だったようで、『春と修羅』に収録されている「小岩井農場」には「黒塗りのすてきな馬車だ／光沢《つやけ》消しだ／馬も上等のハックニー」、

「馬は払ひ下げの立派なハックニー／脚のゆれるのは年老つたため」などのフレーズがあるし、童話「ガドルフの百合《ゆり》」でも、ハックニー種の馬のしっぽが楊並木《やなぎ》の比喩《ひゆ》として使われている。そんなお気に入りの馬に、旅の途中で偶然、出会ったのである。
賢治を乗せた馬車は、やがて六条通りと交わる角にさしかかる。目的の六条十三丁目は、ここを右折した先である。

六条にいま曲れば
おゝ落葉松《からまつ》　落葉松　それから青く顫《ふる》へるポプルス
この辺に来て大へん立派にやってゐる
殖民地風の官舎の一ならびや旭川中学校
馬車の屋根は黄と赤の縞《しま》で
もうほんたうにジプシイらしく
こんな小馬車を
誰がほしくないと云《い》はうか。
乗馬の人が二人来る
そらが冷たく白いのに
この人は白い歯をむいて笑ってゐる。
バビロン柳、おほばことつめくさ。

みんなつめたい朝の露にみちてゐる。（同前）

「ポプルス」はポプラのことだろう。「バビロン柳」はしだれ柳である。これらの街路樹を見ながら、早朝の六条通りを賢治は駆けたのだ。

この詩は馬車の速度を思わせる軽やかな調子で書かれている。北海道のほぼ真ん中、雄大な大雪山《だいせつざん》系の山々に抱かれた旭川は、何条もの広い街路をもつ、明るく開けた都市である。真夏でも冷涼なその空気の中を、賢治が楽しげに馬車で進む姿を想像すると、何となくうれしくなる。

ここではない遠い場所へ

柘植青年と行ったサハリン取材は、往復とも飛行機だったので旭川に寄ることはできなかったが、その後、この街での賢治の足跡を徒歩でたどってみた。二〇一八年秋のことである。賢治と同じように、六条通りの角を曲ると、この詩に出てくる落葉松、ポプラ、しだれ柳の樹を見つけることができた。実際に目にしたものを賢治がそのまま詩にしていたことが改めてわかる。どれもかなりの大樹なので、賢治が見た樹がまだ残っている可能性もある。

この通りには、当時から市役所があり（現在は同じ通りに面しているが場所は変わっている）、詩に出てくるような「殖民地風の官舎」も賢治の頃は見られた。

詩の中の「旭川中学校」は、旭川東高等学校となっていまも同じ場所にある。その前を通ったとき、「旭川」の詩を刻んだ碑があるのに気がついた。まだ新しく、二〇〇三年に建立されたものだという。

賢治が目指した「六条十三丁目」は、地図で見ると、この旭川東高等学校を通り過ぎたすぐ先である。だが、賢治が旭川にやってきた当時、農事試験場はすでに別の場所に移転していたことが調べてみてわかった。移転先は永山《ながやま》というところで、ここから一〇キロほど離れている。目的の農事試験場がないとわかった賢治はどうしたのか。

詩はここに引用した部分で終わっていて、このあと永山まで行ったのかどうかは不明である。賢治は何も書き残しておらず、客観的な裏づけとなる資料や証言もない。

時間はまだたっぷりあったはずだ（私が歩いてみたとき、駅からこの場所まで三十分かからなかった）。この美しい北の街で、賢治が夏の午前中をどのように過ごしたのかは、いまもってわからないが、それは気持ちのよい時間だったのではないだろうか。

詩「旭川」を長々と引用したのは、樺太に至るまでの苦しみに満ちた旅の中で、この明るさに救われる気がするからだ。

トシのことが出てこないこの詩は、賢治の評伝でも研究書でも、あまり取り上げられることがない。樺太への旅で書かれたほかの詩は、難解な詩句を含んでいることもあって、賢治の内面を探ろうと、さまざまに読まれ、解釈され、説明されてきた。中にはずいぶん深読みに思えるものもあるが、賢治の詩自体、謎が多く深読みを誘う性質のものであることも確かである。

だが、この「旭川」はただ爽《さわ》やかで楽しげで、わかりにくさも謎もない。だから研究の甲斐《かい》もないのだろうが、賢治がこうした時間を持つことができたことに私はほっとさせられるし、何より、旅とはそういうものだという気がする。

この時期の賢治の内面がどのようなものだったのか、多くの研究者や評論家がさまざまに考察している。妹との死別の悲しみ。父親との相克。宗教的な迷い。同性の友人に恋愛感情を抱き、そのことに罪悪感を抱くとともに、彼との別れに深く傷ついていたという説もある。だが本当のところはわからない。

私に唯一わかるのは、旅の中では、ふと光がさすように、苦しみから解放される時間が訪れることがあるということだ。北の街を馬車で駆けた朝は、賢治にとってたしかにそんな時間だった。もしかすると、津軽海峡で、波からはねあがるイルカを見た一瞬もそうだったかもしれない。

見知らぬ土地で偶然に出会うさまざまなものたち——植物や動物、ふれあった人々、そしてときには空の色や空気の感触まで——に、つかのまであれ救われ、力をもらうのが旅というものだ。

特に賢治という人は、ひとりの農民として土に根ざして生きようとする意志の一方で、どうしても一か所にとどまることのできないものを持っていたように思う。ここではない遠い場所へと、魂が向かってしまうのだ。

移り変わる景色を見ながら動いているときの賢治の文章は魅力的である。その速度は、歩く速さのときもあるし、馬車の速さのときも、そしてもちろん鉄道の速さのときもある。「青森挽歌」も「津軽海峡」も、それらとは対照的に明るい「旭川」も、共通するのは、移動の中で書かれていることだ。

静止／移動という軸で見たとき、移動する文学としての賢治の魅力が浮かび上がってくる。その魅力が最大限に発揮されたのが、鉄道に乗って銀河を旅する『銀河鉄道の夜』であることは言うまでもない。

移動のベクトルは、水平（地理的な移動）だけではなく、垂直（時間的な移動）もある。心の中で過去と現在を往還しつつ、身体は〝ここ〟から〝別のどこか〟へと運ばれていく。水平と垂直の交わるところで書かれているからこそ、樺太への旅で書かれた賢治の詩句に私はひかれるのだと思う。

妹の霊を呼び起こす

旭川をあとにした賢治が稚内駅に到着したのは、午後九時十四分。そしていよいよ、樺太へ渡る船に乗る。午後十一時三十分発の稚泊連絡船、対馬丸である。

青函連絡船が朝の青森港を出発したのに対し、こちらは深夜の出航だ。賢治は小雨の降る甲板に出た。

船上で書かれた「宗谷挽歌」という長い詩の中盤に、こんな部分がある。

とし子、ほんたうに私の考へてゐる通り
おまへがいま自分のことを苦にしないで行けるやうな
そんなしあはせがなくて
従って私たちの行かうとするみちが
ほんたうのものでないならば
あらんかぎり大きな勇気を出し
私の見えないちがった空間で
おまへを包むさまざまな障害を
衝《つ》きやぶって来て私に知らせてくれ。
われわれが信じわれわれの行かうとするみちが
もしまちがひであったなら
究竟《くきやう》の幸福にいたらないなら
いままっすぐにやって来て
私にそれを知らせて呉《く》れ。
みんなのほんたうの幸福を求めてなら
私たちはこのまゝこのまっくらな
海に封ぜられても悔いてはいけない。

（「宗谷挽歌」より）

トシの死後の行方について悩み、思いを巡らしていた賢治は、闇《やみ》の中で直接トシに呼びかけている。

この詩を初めて読んだとき、「いままっすぐにやって来て／私にそれを知らせて呉れ」というのは比喩的な表現だと思った。真夜中の海峡をゆく船上という神秘的な場に身を置くことで、何らかの啓示を得ようとしたのだと解釈したのだ。

だがさまざまな資料や研究書を読むうち、賢治が死者であるトシ本人の声を聞こうとしたという説があることを知った。賢治が船上で試みようとしたのは、「トシの霊、あるいは転生し別の世界の住人となったトシとの、神秘的な霊の交信（交霊術）」だったというのだ（大塚常樹《おおつかつねき》「宮沢賢治の進化論的世界」）。

ここに至る前、「青森挽歌」の中で、賢治はこんなことを書いている。

（宗谷海峡を越える晩は
わたくしは夜どほし甲板に立ち
あたまは具《そな》へなく陰湿の霧をかぶり
からだはけがれたねがひにみたし
そしてわたくしはほんたうに挑戦しよう）

（「青森挽歌」より）

この「けがれたねがひ」が、トシの霊を呼び起こすことだったというのである。

五　大日本帝国、最果ての駅へ

夜の宗谷海峡を渡る

夜の宗谷《そうや》海峡をゆく連絡船の甲板には、賢治のほかに乗客の姿はない。暗い海を見つめて立つ賢治の姿は、はた目には異様に見えたようだ。

潮風と霧にしめった舷《ふなべり》に
その影は年老ったしっかりした船員だ。
私をあやしんで立ってゐる。
霧がばしゃばしゃ降って来る。
帆綱の小さな電燈がいま移転し

怪しくも点ぜられたその首燈、
実にいちめん霧がぼしゃぼしゃ降ってゐる。
降ってゐるよりは湧いて昇ってゐる。

（「宗谷挽歌《ばんか》」より）

出航は午後十一時三十分、賢治が書いているように、海上は深い霧である。そんな中、ひとり立ち尽くす男が船員からあやしまれたのも無理はない。賢治は自分が自殺を疑われていると感じた。

この男は船長ではないのだらうか。
（私を自殺者と思ってゐるのか。
私が自殺者でないことは
次の点からすぐわかる。
第一自殺をするものが
霧の降るのをいやがって
青い巾《きれ》などを被《かぶ》ってゐるか。
第二に自殺をするものが
二本も注意深く鉛筆を削り
そんなあやしんで近寄るものを

霧の中でしらしら笑ってゐるか。）

（同前）

賢治はここで、自分は自殺者ではないと繰り返している。だがこの詩の冒頭近くには、「けれどももしとし子が夜過ぎて／どこからか私を呼んだなら／私はもちろん落ちて行く」とある。トシの霊に呼ばれたなら、海に身を投じると言っているのだ。

この「宗谷挽歌」は、原稿用紙に清書された形で残っているものの、『春と修羅』には収録されなかった。原稿は、終わり近くの数枚が欠けており、最後はこんなふうに終わっている。

さあ、海と陰湿の夜のそらとの鬼神たち
私は試みを受けよう。

（同前）

試みとは試練であり誘惑である。賢治は「鬼神」（信仰を試す魔的な存在を指すのだろう）と遭遇する危険を冒してでも、妹の居場所を知りたいと願ったのだ。

詩「旭川」を取り上げた際、旅にはふと光がさすように苦しみから解放される時間が訪れることがあると書いた。だが一方で、魔がさすとしか言いようのない瞬間に襲われるのも旅である。非日常の楽しさや美しさは怖ろしさと背中合わせであり、日常生活では気づかない足もとの深い淵《ふち》に、ふらふらと引き寄せられる危険もあるのだ。

賢治はここではない遠い場所に魂が向かってしまう人だったとも書いたが、そこが明るい場所であるとは限らない。

詩であれ童話であれ、賢治の作品には、伏流水のように、何か暗いものが流れている気配がある。それは、透明であるがゆえに濁流よりもかえって暗い流れだ。

実をいうと私は子供のころ、賢治の童話が怖ろしかった。登場する人物や動物は個性的で言葉のリズムも面白く、「オツベルと象」や「猫の事務所」は冒頭部分を暗唱できたほどだったが、それでも底のほうに、得体の知れない暗さを感じていた。今回、『春と修羅』に収められた詩をじっくり読んでみて、それはひとつには、死や死者への親和性の高さゆえなのではないかと思った。

「旭川」の明るさから一転して、「宗谷挽歌」は闇と死の気配に満ちている。私は賢治の樺太《からふと》への旅の時間のすべてが悲しみに満ち、暗かったとは思わない。北方への憧《あこが》れがあり、未知の土地への好奇心があり、鉄道で移動するときめきもあったはずだ。だが、宗谷海峡を渡る船の甲板で、賢治が死者である妹との交信を本気で願ったことは間違いないだろうと思う。

空とも海ともじかにつながっている船の甲板は、車両という箱に隔てられた鉄道よりも、亡き人に近い感覚がある。それに、呼ばれれば虚空に身を投げうつことも、波に落ちて行くこともできる。

ではなぜ、賢治が死をも覚悟してトシからの通信を待ったのが、青函連絡船ではなく稚泊連絡船だったのか。津軽海峡を渡ったのが早朝だったのに対し、宗谷海峡は夜だったこともあるのだろう。闇《やみ》は死者との距離を近くする。

さらに、賢治は津軽海峡を渡ったことはそれまでにもあったが、宗谷海峡は初めてだった。樺太という未知の土地につながる海。賢治にとって、この海を越えることは、境界をまたいで〝向こう側〟へ行くことだった。それがある種の高揚感を生み、死の側に身を乗り出すような精神状態をもたらしたのかもしれない。

死にゆく妹のかたわらで

それにしても、死を賭《と》してでも知りたいと思うほどに賢治がトシの死後の行方にこだわったのはなぜなのか。樺太への旅で書かれた賢治の詩を読み込むほどに、その疑問は深くなる。

あらためて理由を知りたいと思った私は、トシの臨終の前後や、樺太への旅で書かれた詩が収録されている『春と修羅』に関する論考をできるだけ集めて読んでみた。

なるほどと思ったのは、秋枝美保《あきえだみほ》氏の論考である。秋枝氏は、「賢治における信仰の問題は、妹の死に直面して、大きな動揺をきたす。それは、妹が死後に天上へ行ったことを直観できなかったことによる」（『宮沢賢治　北方への志向』）として、トシの臨終の場面を描いた詩「無声慟哭《どうこく》」を取り上げている。

この詩の中で、トシは死の床から「おら　おかないふうしてらべ（私は怖いような様子をしているでしょう）」と言う。秋枝氏によれば、これは、「トシは自分が『地獄』に行くのではないかとの不安から頻《しき》りに死相を気にして」（『宮沢賢治を読む』）いたからだ。

賢治とともにトシの枕辺にいた母は、「うんにゃ　ずゐぶん立派だぢやい（いいや、ずいぶん立派だよ）／けふはほんとに立派だぢやい（今日はほんとうに立派だよ）」と答える。トシはさらに「それでもからだくさえがべ？（それでも身体がくさいでしょう？）」と訊《き》く。すると母は「うんにゃ　いつかう（いいや、まったくそんなことはない）」と答えるのである。

母は、トシを安心させる言葉を即座に返している。だが賢治は妹に何も言ってやることができない。母が、トシは成仏できると素朴に信じているのに対し、トシに法華経のすばらしさを説いてきたはずの賢治は、それを確信できないでいるのだ。

ただわたくしはそれをいま言へないのだ
　（わたくしは修羅をあるいてゐるのだから）
わたくしのかなしさうな眼をしてゐるのは
わたくしのふたつのこころをみつめてゐるためだ
ああそんなに
かなしく眼をそらしてはいけない
（「無声慟哭」より）

臨終は、肉親としても、また信仰の上でも重要な場である。だが賢治は妹を安心させる言葉を発することができない。それは「修羅をあるいてゐる」からだという。

賢治がトシの死後の居場所にこだわり続けた理由を、「自身の信仰のありようがとし子の成仏を妨げているのではないかという不安が根底にあったためではないか」（『宮沢賢治　幻想空間の構造』）とするのは鈴木《すずき》健司《けんじ》氏である。トシが成仏できず、どこか違う場所にいるとしたら、それは自分の信仰が足りないか、あるいは間違っているせいかもしれないと賢治は考えていたのではないか、というのだ。

もしそうだとすれば、宗谷海峡を渡る船上から海に身を投じてもいいとまで賢治が思いつめたのも理解できる。

では賢治は、成仏できなかった場合のトシの居場所を、どのようなところとしてイメージしていたのだろうか。

旅の中での自問自答

成仏したトシと、しなかったトシの両方の姿が「青森挽歌」には描かれている。

まず、成仏＝天上に昇ったときのトシのイメージを見てみる。

あかつきの薔薇《ばら》いろをそらにかんじ
あたらしくさはやかな感官をかんじ
日光のなかのけむりのやうな羅《うすもの》をかんじ
かがやいてほのかにわらひながら

はなやかな雲やつめたいにほひのあひだを
交錯するひかりの棒を過《よ》ぎり
われらが上方とよぶその不可思議な方角へ
それがそのやうであることにおどろきながら
大循環の風よりもさはやかにのぼつて行つた
わたくしはその跡をさへたづねることができる

（「青森挽歌」より）

「さはやか」という語が二度使われ、「あかつきの薔薇いろ」「日光」「かがやいて」「わらひながら」「はなやかな」「ひかり」など、清らかで幸福なイメージがちりばめられている。ただ、これらの語の選び方は、賢治にしては平凡な印象だ。羅をまとって天上に昇っていくトシの描写は羽衣をまとった天女を思い起こさせ、類型的といえなくもない。

では成仏できずにいるトシはどう描かれているのか。十数行あとに、その描写は出てくる。

暗紅色の深くもわるいがらん洞と
意識ある蛋白《たんぱく》質の砕けるときにあげる声
亜硫酸や笑気《せうき》のにほひ
これらをそこに見るならば
あいつはその中にまつ青になつて立ち

立つてゐるともよろめいてゐるともわからず
頰に手をあててゆめそのもののやうに立ち
（わたくしがいまごろこんなものを感ずることが
いつたいほんたうのことだらうか
わたくしといふものがこんなものをみることが
いつたいありうることだらうか
そしてほんたうにみてゐるのだ）と
斯《か》ういつてひとりなげくかもしれない……
（同前）

天上に昇っていくトシの姿が、どこか既視感のある類型的なものだったのに対して、この描写は抽象的な語が多く使われているにもかかわらず、読み手の心に訴えてくる喚起力がある。たとえば「意識ある蛋白質の砕けるときにあげる声」という一行にあらわれた、いたたまれなさと恐怖の感覚。「頰に手をあててゆめそのもののやうに立ち」との描写からは、とまどい、茫然《ぼうぜん》とするトシの姿が見えるようだ。

「青森挽歌」をていねいに読んでいくと、賢治の心象の世界では、トシが成仏したイメージと、それができずにどこか暗い場所にいるイメージがせめぎあっており、後者がよりリアリティをもって心に重くのしかかっていたことがわかる。

詩の終わり近くでは、誰のものかわからない声が《おいおい　あの顔いろは少し青かつたよ》と語りかけてくる。トシの死に顔のことである。死の床でトシが言った「おら　おかないふうしてらべ」という言葉を思い出させるこの声に、「わたくし」はこう答える。

だまつてゐろ
おれのいもうとの死顔が
まつ青だらうが黒からうが
きさまにどう斯う云《い》はれるか
あいつはどこへ堕《お》ちようと
もう無上道に属してゐる
（同前）

だが声はさらに言う。《もひとつきかせてあげよう／ね　じつさいね／あのときの眼は白かつたよ／すぐ瞑《つむ》りかねてゐたよ》と。
この声は、賢治自身の中にある、トシが成仏していないのではないかという疑念の声である。青森行きの汽車の中で、賢治は自問自答を繰り返していたのだ。

「おれはひとりの修羅なのだ」

自分の信仰の揺らぎがトシの成仏をさまたげたと賢治が考えたとしたら、その揺らぎはなぜ起こったのだろうか。

『春と修羅』の表題作には「まことのことばはうしなはれ／雲はちぎれてそらをとぶ／ああかがやきの四月の底を／はぎしり燃えてゆききする／おれはひとりの修羅なのだ」とあるが、賢治を〝修羅〟にしたものは何だったのか。

賢治が「ただ一人の友」と呼んだ保阪嘉内《ほさかかない》に宛てた手紙をもとに、この問題を深く考察しているのが、菅原千恵子《すがわらちえこ》氏の『宮沢賢治の青春』である。

盛岡高等農林学校時代に寮で同室になった嘉内は、賢治がともに人生を歩みたいと熱望した相手だった。

トルストイを読み、短歌で日記をつけ、みずから戯曲を書いて上演する嘉内は、入学するや学生たちの注目の的となる。知的で闊達《かったつ》、青年らしい理想に燃える嘉内に賢治はひかれ、二人は急速に親しくなった。寮生活の中で寝食をともにしながら、あらゆることを語り合い、互いに影響を与え合う仲になっていったのである。

法華経に出会い、日蓮宗に帰依するようになった賢治は、嘉内に信仰の上でも同伴者となってほしいと願うようになる。

菅原氏は、賢治の人生における最終的な目標は、「嘉内と共に法華経のまことの国の実現に向けて歩く」ことだったと述べている。それは家も故郷も捨て、布教を中心とする信仰生活に入ることを意味した。

賢治に劣らず求道的で、信仰についても真剣に考えていた嘉内だったが、彼は農民の救済という眼の前にあるはっきりとした目的のために生きようとしていた。

決定的な別れが訪れたのは、トシが亡くなる前年の一九二一（大正十）年七月のことだった。このとき二人の間に何があったのか。菅原氏は、賢治が嘉内に宛てた手紙や嘉内の日記などからそれを推しはかっている。

『宮沢賢治の青春』によれば、このとき二人は信仰について議論し、その中で嘉内は、法華経の無力、限界、賢治の信仰の観念性などを鋭くついた。嘉内の言葉に、賢治は法華経に衆生を救う力がほんとうにあるのかを一瞬疑ってしまい、以後、嵐のような心の揺れや迷いに襲われるようになったという。

大急ぎで要約してしまったが、『宮沢賢治の青春』を読むと、賢治がいかに嘉内を愛し、支えに思っていたかがわかり、その彼に拒まれたことが信仰の揺らぎにつながったという菅原氏の説が説得力をもつ。批判したのが嘉内だったからこそ、賢治は法華経への疑念を持ってしまったのだ。

そんな迷いと悩み、そして嘉内との別れの苦しみのさなかに、トシの死という出来事は起こった。

トシを仏道に導いた、当の自分の信仰が揺らいでいる。その罪悪感と、法華経への疑念を払《ふっ》拭《しょく》したいという思いの中で、賢治はトシの死後の行き先に執着したのだった。

だが、夜の宗谷海峡で、賢治はトシの声を聞くことはできなかった。その願いは、樺太の地に持ち越されることになる。

最果ての駅に降り立つ

賢治が樺太の大泊《おおどまり》駅から汽車に乗ったところに話を戻そう。

大泊から栄浜《さかえはま》までの所要時間はおよそ五時間三十分。午前九時三十分に大泊を発《た》つ汽車に乗ったとすれば午後二時五十分に栄浜着、午後一時十分発なら午後六時四十分着である。

当時の日本の鉄道の最北端の駅に賢治は降り立った。駅前広場を抜けて北にしばらく歩くと、東西に延びる通りに出る。そこが栄浜のメインストリートだった。当時の地図を見ると、左へ行くと村役場と物産陳列所があり、右へ行くと郵便局、その先に港がある。

賢治の行程をたどってコルサコフから車で北上してきた私たちは、かつて栄浜駅があった場所を探した。雑草が風に揺れている原っぱに車を停め、ガイドのワシーリーさんが、「このあたりです」と言う。だが周囲を見回しても、ここが駅だったとわかるものはない。

日本の敗戦後も泊栄線はソ連によって使用され、栄浜駅はスタロドゥプスコエ駅となった。廃止されたのは九〇年代の初頭とされる。藤原浩氏の『宮沢賢治とサハリン』には、二〇〇四年に撮影したというレールが残る駅跡の写真が載っていたが、レールはもう撤去されていた。

「何も残っていませんね」

私が言うと、少し離れたところにいたワシーリーさんが黙って手招きをした。彼が立っていたのは、膝《ひざ》くらいの高さの茂みである。近づいて地面を見ると、数片の板切れが半ば土に埋もれていた。風化した枕木である。少し離れたところには、やはり風化したコンクリートの残骸《ざんがい》があった。こちらはホームの跡だ。

枕木の写真を撮ろうとして地面にカメラを向けると、遠くからはただの藪《やぶ》にしか見えなかった茂みの陰に、小さな花たちが咲いていることに気づいた。ワシーリーさんが立っていたのはハマナスの茂みで、赤い花がいくつか咲き残り、実が色づきはじめていた。近くにはヒルガオも控えめに咲いている。蘭に似た花弁を持つ黄色い花はホソバウンラン、絵の具を散らしたように点々と咲いているピンクの花はツリフネソウだと、ワシーリーさんが教えてくれた。

かつて駅前広場だった場所を抜け、賢治が来た当時の地図と現在の地図を見比べながら、メインストリートを港の方へ進む。二十分ほど歩くと、砂浜に下りる小道があった。黒い砂の上に、波が運んできた無数の小枝が茶色く積み重なっている。

「宮沢賢治が散歩した海岸です」とワシーリーさんが言った。

六　オホーツクの浜辺で

賢治の歩いた海岸

九十五年前の夏の朝、宮沢賢治は樺太《からふと》の栄浜《さかえはま》（現在のスタロドゥプスコエ）の海岸を歩き、「オホーツク挽歌《ばんか》」を書いた。百十九行にわたる長い詩である。末尾に（一九二三、八、四）と日付があり、樺太に着いた翌日に書かれたことがわかる。

海面は朝の炭酸のためにすつかり銹《さ》びた
緑青《ろくしやう》のとこもあれば藍銅鉱《アズライト》のとこもある
むかふの波のちゞれたあたりはずゐぶんひどい瑠璃液《るりえき》だ
チモシイの穂がこんなにみじかくなつて

かはるがはるかぜにふかれてゐる
（それは青いいろのピアノの鍵《けん》で
かはるがはる風に押されてゐる）
あるいはみじかい変種だらう
しづくのなかに朝顔が咲いてゐる
モーニンググローリのそのグローリ

（「オホーツク挽歌」より）

北の海は、晴れた日でも微妙にくすみを帯びて見える。青一色ではない複雑なその色を賢治は、緑青、藍銅鉱、瑠璃液と、鉱物に由来する語を使って表現している。緑青は銅の緑色の錆《さび》、藍銅鉱は藍《あい》色の炭酸塩鉱物、瑠璃は紫がかった深い青色の石、ラピスラズリの和名である。

私たちが栄浜に行ったのは九月上旬で、夏はもう終わりかけていたが、強い陽射しのふりそそぐ日だった。だが海面は鈍《にび》色がかっていて、この詩のように、藍、青、緑のグラデーションになっていた。そのとき撮った写真を見ると、この詩の冒頭三行の詩句が、巧みにオホーツクの海を描写していることに改めて気づく。光を透過させる南の海は軽やかに見えるが、オホーツクの海は重量を感じさせる。賢治の比喩《ひゆ》の通り、まさに鉱物質といった感じの海なのである。

海の描写のあと、賢治の目線は岸へと移る。「チモシイ」とはイネ科の多年草で、和名はオオアワガエリ。細長い円筒形の穂をつける牧草で、日本には明治時代に輸入され、北海道や東北に多い。まるでピアノの鍵盤が押されるように、その穂がかわるがわる風に揺れていたという。おそらく賢治もよく知っている草だったのだろう。見慣れたものよりも短いので、変種ではないかと考えているのだ。

栄浜にそんな草があっただろうかと、記憶をたどってみる。私たちが行った日も風が強かった。砂浜の後方で草が風になびいていたような気がして、その日に撮った写真を見直してみたら、稲に似た細長い葉の茂みが写っていた。現地では気づかなかったが、もしかしたらこれが、賢治が見た「チモシイ」なのかもしれない。

「モーニンググローリ（morning-glory）」とは朝顔のことで、英語ではヒルガオやハマヒルガオなど漏斗状の花全般を指す。私たちが行ったとき、海岸にはハマヒルガオと思われる花も咲いていた。「モーニンググローリのそのグローリ」とは、朝顔の輝くような美しさ、といった意味か。

この詩には、ほかにもさまざまな植物が登場する。いずれも冷涼な土地や標高の高い土地に自生する植物で、短い樺太の夏にいっせいに花を咲かせる。

「はまなす」「萱草」「こけもも」「釣鐘草《ブリーベル》」「やなぎらん」……。はまなすは、海岸の砂地などで赤い花を咲かせるバラ科の低木、萱草（ワスレグサ）はユリに似た形でオレンジや黄色の花を咲かせるカンゾウのことで、どちらも栄浜駅の跡で私たちが見た花だ。やなぎらんは、ランに似た赤紫色の花をつける多年草である。

こけももは赤い実をつける低木。賢治が「ブリーベル」とルビを振っている釣鐘草は、ホタルブクロ、ツリガネニンジン、センニンソウなどの異名である。「早池峰《はやちね》山巓《さんてん》」という詩の中では「釣鐘人参」という語に「ブリユーベル」とルビが振られているので、おそらくツリガネニンジンを指しているのだろう。ただ、カムチャツカ半島、千島《ちしま》列島、サハリンなどに分布するチシマギキョウというツリガネニンジンに似た花があり、当時の樺太に広く自生していた。一九三一（昭和六）年には樺太で天然記念物に指定されており、もしかすると賢治が見た花はこちらだったのかもしれない。

ちなみにツリガネソウをはじめとする釣鐘のような形をした花を総称してカンパネラ（カンパニュラ）と呼ぶ。一度目のサハリン取材でガイドをしてくれたエレーナさん――熱狂的な賢治ファンである――は、『銀河鉄道の夜』の主人公ジョバンニの親友であるカムパネルラの名前は、賢治が樺太で見たこの花に由来していると、確信を持って主張していた。

穏やかな「オホーツク挽歌」

「オホーツク挽歌」は、樺太に足を踏み入れてから賢治が書いた最初の詩である。樺太への旅で書かれた詩のうち、「挽歌」とつくのは「青森挽歌」「宗谷《そうや》挽歌」「オホーツク挽歌」の三篇《べん》だが、前の二篇の暗さに対して、「オホーツク挽歌」は、寂寥《せきりよう》の中にもある種のさわやかさがある。それは、ここに描かれている樺太の花たちによるところも大きいように思う。詩全体を一枚のタペストリーとするなら、そのあちこちに、可憐《かれん》な花たちが織り込まれているのだ。

ここにたどり着くまでずっと、トシの死にとらわれ、自分の内面ばかりを見つめていた賢治。

詩にも、読む者の理解を拒むような心象風景が延々と綴《つづ》られていたが、この詩では自分の外側の世界に目を向けている。

波の来たあとの白い細い線に
小さな蚊が三疋《びき》さまよひ
またほのぼのと吹きとばされ
貝殻のいぢらしくも白いかけら
萓草の青い花軸が半分砂に埋もれ
波はよせるし砂を巻くし

白い片岩類の小砂利に倒れ
波できれいにみがかれた
ひときれの貝殻を口に含み
わたくしはしばらくねむらうとおもふ
なぜならさつきあの熟した黒い実のついた
まつ青なこけももの上等の敷物《カーペット》と
おほきな赤いはまばらの花と
不思議な釣鐘草《ブリーベル》とのなかで

サガレンの朝の妖精にやつた
透明なわたくしのエネルギーを
いまこれらの濤《なみ》のおとや
しめつたにほひのいい風や
雲のひかりから恢復《かいふく》しなければならないから

（同前）

ここに出てくる花たちはどことなく外国風である。実際には内地でも見られる植物なのだが、初めて見るような新鮮さをもって描写されている。それはおそらく樺太という土地ゆえなのだろう。乾いた冷涼な空気、まぶしい陽射しとくっきりした影、光る雲――。それらに加えて、「サガレンの朝の妖精」という語に象徴される、この土地のもつ不思議な力が、自分を取り巻く世界を見る新たな眼を賢治にもたらしたのだ。

わびしい草穂やひかりのもや
緑青《ろくしやう》は水平線までうららかに延び
雲の累帯構造のつぎ目から
一きれのぞく天の青
強くもわたくしの胸は刺されてゐる
それらの二つの青いいろは

どちらもとし子のもつてゐた特性だ
わたくしが樺太のひとのない海岸を
ひとり歩いたり疲れて睡《ねむ》つたりしてゐるとき
とし子はあの青いところのはてにゐて
なにをしてゐるのかわからない
（同前）

死んだ妹はいったいどこにいるのかという問いをずっと抱き続けてきた賢治は、オホーツクの海で、ようやくトシの存在を直観する。

水平線まで延びる緑青。層をなして重なりあう雲の継ぎ目からのぞく天の青。樺太の海岸で出会った、海と空のふたつの青に、賢治は「トシの特性」を見る。そして、その「青いところのはて」にトシがいると感じるのだ。

トシがそこで何をしているのかわからないと言っているが、前々日の夜に船上で書いた「宗谷挽歌」の、「私の見えないちがった空間で／おまへを包むさまざまな障害を／衝《つ》きやぶって来て私に知らせてくれ」「さあ、海と陰湿の夜のそらとの鬼神たち／私は試みを受けよう」という切羽詰まった激しさはない。

琥珀を探して

「この浜には琥珀《こはく》が落ちています。宮沢賢治もここで琥珀を拾いました」

栄浜についてすぐに、ガイドのワシーリーさんが言った。近くを流れるナイーバ川が運んでくるのだという。ナイーバ川は日本時代の内淵《ないぶち》川である。

「さあ、私たちも探しましょう！」

砂を巻き上げる浜風に対抗するように、力強い声でワシーリーさんが言った。

砂浜に琥珀が落ちているなどということがあるのかと、私は内心疑っていたが、柘植青年は背中を丸め、一心に足もとを見ながら少しずつ歩を進めていく。真剣に探す気なのだ。二度の取材旅行でわかったのだが、柘植青年は編集者にはめずらしく、人を疑わない素直な性格なのである。

それにしても流木が多い。賢治がここへ来た頃も同じだったようで、「オホーツク挽歌」には「とゞ松やえぞ松の荒《す》さんだ幹や枝が／ごちやごちや漂ひ置かれたその向ふで／波はなんべんも巻いてゐる」という一節がある。

ちなみに「オホーツク挽歌」に琥珀のことは出てこない。だから賢治がここで琥珀を拾ったという話にも、実をいうとこのとき半信半疑だった。

賢治はここの流木がトドマツとエゾマツだとよくわかったな、と感心しながら、積み重なった枝や、風に吹きだまった海藻の間を縫って

栄浜の流木。海岸のあちこちに散らばっていた

歩く。北海道の山林でもよく見かけるトドマツとエゾマツは、私にとって子供の頃から親しみのある樹だが、賢治のように流木となった幹や枝を見ただけではさすがにわからない。サハリンにはこの二種類の針葉樹が広く分布し、かつてはパルプの原料として使われたという。

探し始めて五分もしないうちに、柘植青年の「あ、これもしかして……」という声が聞こえた。彼が差し出した手のひらに、米粒くらいの茶色い石が載っていた。

「そうです、琥珀です！」と、ワシーリーさんが誇らしげに言う。この浜には本当に琥珀が落ちているのだ。

私も真面目に探すことにしたが、一向に見つけることができない。だが柘植青年が探すとなぜか次々と見つかる。「あ、ここにもある」「これもそうかな」とつぶやく柘植青年がだんだん恨めしくなってきた。

そんな気配を察したのか、ワシーリーさんが「大丈夫、私が拾ったのをあげますよ」と、私の手のひらに載せてくれた。マッチ棒の先くらいのものが二つと、小指の爪くらいあるものが一つ。濃い茶色だが、太陽にかざしてみたら、黄色みを帯びて透き通り、いわゆる琥珀色になった。内部に煙のような黒い筋が見え、小さいながら複雑な色をしている。いまから何千万年も昔、この地に繁茂していた樹木（目の前に積み重なっているトドマツやエゾマツかもしれない）の樹脂が地中で化石になり、それが川を下ってここまで流れ着いたのだ。

そう思うと、さっきまでの疑いはどこへやら、感動がこみ上げてきた。大事に持って帰ろうと、常備薬を入れて持ち歩いているチャック付きの小さなＰＰ袋から中身を出し、琥珀を入れた。それをさらに財布のカード収納用のスリットに入れてバッグに仕舞う。

　これでなくすことはないだろうと安心して顔を上げると、ワシーリーさんが今度は沖を指さした。

「見えますか？　あそこの岩のところにアザラシがいます」

　目をこらしたが、見えるのは岩礁だけ。強すぎる陽射しのせいで、そこにいるはずのアザラシは、岩礁と一体のシルエットになってしまっているのだ。

「よくわかりません……」

　正直に言うと、ワシーリーさんは残念そうな顔をした。とにかくサハリンのあらゆるものを見てもらいたい、知ってもらいたいという熱意にあふれた人なのだ。

　思いついて、スマートフォンのカメラでズーム撮影し、その写真を拡大してみた。するとたしかに岩に何か細長いものがへばりついている。だが、ヒジキのように見えるそれがアザラシであることは、残念ながら確認できなかった。

青い空の果て

　この日の栄浜は、風は強いが波は静かで、海岸はまぶ

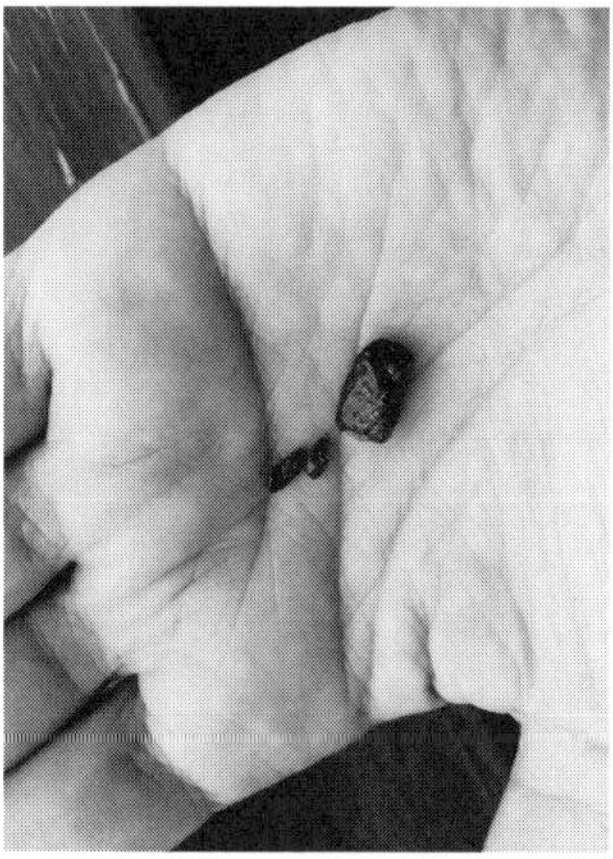

ワシーリーさんがくれた栄浜の琥珀

しい光に満ちていた。空は青さが極まって黒みをおび、そこに浮かぶ大きな白い雲の底には、強い陽射しのために影ができている。

賢治がここに来た日もおそらくこんな天気だったのだろう。光が強すぎるために暗く見える空を、「オホーツク挽歌」の中で描写している。

空があんまり光ればかへつてがらんと暗くみえ
いまするどい羽をした三羽の鳥が飛んでくる
あんなにかなしく啼《な》きだした
なにかしらせをもつてきたのか

（「オホーツク挽歌」より）

鳥は死者の魂を暗示する。賢治はトシの死後、「白い鳥」という詩を書いているが、そこにはこんな一節がある。

二疋の大きな白い鳥が
鋭くかなしく啼きかはしながら
しめつた朝の日光を飛んでゐる
それはわたくしのいもうとだ
死んだわたくしのいもうとだ

兄が来たのであんなにかなしく啼いてゐる
（中略）
どうしてそれらの鳥は二羽
そんなにかなしくきこえるか
それはじぶんにすくふちからをうしなつたとき
わたくしのいもうとをもうしなつた
そのかなしみによるのだが

（「白い鳥」より）

栄浜の海岸で、トシが青い空の果てにいると感じた賢治は、そこから飛んできた鳥が、トシからの「しらせ」をもってきたのではないかと思ったのだ。だが、鳥は賢治に何も伝えてはくれなかった。

わたくしの片つ方のあたまは痛く
遠くなつた栄浜の屋根はひらめき
鳥はただ一羽硝子《ガラス》笛を吹いて
玉髄の雲に漂つていく

（「オホーツク挽歌」より）

玉髄とは石英の結晶でできた透明または半透明の貴石で、色はさまざまだが、ここでは乳白色のものをイメージしているのだろう。鳥は、その玉髄のような美しい雲の中を漂いながら飛ぶだけだった。
だが、賢治の思いは、宗谷海峡を渡ったときのように乱れることはなく暗くもない。詩はこのあと、次のように続いて終わる。

町やはとばのきららかさ
その背のなだらかな丘陵の鴇《とき》いろは
一面のやなぎらんの花だ
爽やかな苹果青《りんごせい》の草地と
黒緑とどまつの列
（ナモサダルマプフンダリカサスートラ）
五匹のちひさないそしぎが
海の巻いてくるときは
よちよちとはせて遁《に》げ
（ナモサダルマプフンダリカサスートラ）
浪がたひらにひくときは
砂の鏡のうへを
よちよちとはせてでる
（同前）

町と波止場がきらきらと輝いて見え、その向こうの丘には一面、鴇いろのやなぎらんが咲いている。鴇いろとは鴇の風切羽の色で、紫がかったピンク色である。草地は苹果青（青りんごの色）をしていて、黒っぽい緑色のトドマツが列をなしている。鳥を見送った、つまりトシからの通信を受け取ることができなかった賢治の目に映っているのは、夏の樺太の美しい風景である。

二度繰り返される「（ナモサダルマプフンダリカサスートラ）」とは、「南無妙法蓮華経《れんげ》」の梵語音《ぼんご》、つまりサンスクリット語での読み方だという。

トシがそこにいると賢治が直観した「青いところのはて」が、法華経における「浄土」なのかはわからない。北の果てのオホーツクの海までやってきてもトシとの通信は叶《かな》わなかった。だが、賢治の心の中の嵐は去っていたのだろう。詩の終わり近くに置かれた「（ナモサダルマプフンダリカサスートラ）」は、祈りの言葉として、この詩全体を照らしている。

波打ち際のシギの姿を描写して、「オホーツク挽歌」は終わる。サハリンはシギの繁殖地で、文中には「いそしぎ」とあるが、このあたりの海岸で見られるのはミユビシギという種類だそうだ。ミユビシギは数羽から数十羽の群れで行動し、波の引いた砂の上をちょこちょこと走り回って、貝類や甲殻類、昆虫などの餌をとる。この小さな生きものを見つめる目からも、賢治の心が穏やかさを取り戻していたことが伝わってくる。

賢治はこの日のうちに栄浜をあとにして、豊原《とよはら》（現在のユジノサハリンスク）駅まで汽車に乗った。もしかするとその前に訪れたのではないかと言われているのが、栄浜の西にある白鳥湖である。『銀河鉄道の夜』に登場する「白鳥の停車場」のモデルになったという説がある場所だ。

『銀河鉄道の夜』では、白鳥の停車場から、鳥を捕るのが仕事の男が乗り込んでくる。どんな鳥をつかまえるのかと聞かれた男は「鶴や雁です。さぎも白鳥もです」と答えるのだが、ワシーリーさんによれば、これらの鳥はみな白鳥湖にいるそうだ。

賢治が樺太で書いた詩に白鳥湖が出てくるものはないし、行ったという証拠があるわけでもない。だが白鳥湖という名前にはやはりひかれるものがある。ユジノサハリンスクに戻る前に、足を延ばしてみることにした。

七　チェーホフのサハリン、賢治の樺太

賢治は白鳥湖を訪れたか

栄浜《さかえはま》（現在のスタロドゥプスコエ）をあとにした私たちは、右手にオホーツク海を見ながら、北に向かって車を走らせた。目指すは白鳥湖である。

この道はサハリン南部の東海岸を縦につらぬく幹線道路で、二四〇キロ北にあるポロナイスク（日本時代の敷香《しすか》）まで海岸に沿って続いている。

十分も走っただろうか。気がつくと、背後から道路に寄り添うようにして、川が近づいてきていた。ナイーバ（内淵《ないぶち》）川である。

ここまで平原を蛇行してきたナイーバ川は、海に出る前の短い間、道路と並行して流れる。このあたりは、はるか遠くに低い山並みが見えるだけの広い湿原で、車窓から見る川の流れは

止まっているかと思えるほどゆるやかだった。

白鳥湖があるのは、このナイーバ川の河口である。幹線道路から未舗装の脇道に入ってしばらく走ると、まばらな松林の向こうに低い水面が見えた。

水辺はアシやスゲ、ガマなどの草に覆われ、その外側に灌木《かんぼく》の茂みが点在している。湖というより、沼あるいは潟といった方が適当だろう。名前の由来となった白鳥が飛来するのは四月と一〇月だといい、このときは姿が見えなかった。

岸まで下りる道はない。見晴らしのいい場所を探そうと藪《やぶ》をかき分けて進んでいたら、上着の裾《すそ》が膝《ひざ》くらいの高さの低木に引っかかった。葉の間からつややかな赤い実が見えて、ハマナスだと気づく。バラの仲間であるハマナスは、枝に棘《とげ》をもっているのだ。

見回すと、あちこちにハマナスが茂みを作っていて、どれも実をつけていた。栄浜の駅跡や海岸で見たものより大きくて立派な実だ。きっと花そのものが大きいのだろう。賢治が樺太《からふと》を訪れた八月の初めは花期に当たるから、もしここへ来ていたとしたら、湖畔にハマナスの花が咲き乱れる光景に出会ったはずだ。

私たちが訪れた九月は、白鳥もおらず、ハマナスの花も終わっていたが、それでもそこはじゅうぶんに美しい場所だった。静かに横たわる銀色の水を、風に揺れる草たちの淡い緑が縁どっている。風の匂いには海の気配があった。

人の姿はなく、聞こえるのは風の音だけ。なぜか虫や鳥もいない。近くを大きな道路が走っているにもかかわらず、外界から遠く隔てられているような、異世界めいた感じのする場所である。

おそらく賢治が樺太を訪れたころから、景色はほとんど変わっていないのだろう。あたりの自然は手つかずのままで、散策できる小径《こみち》すらない。脇道に入ってから見かけた人工物といえば、湖畔に立つ傾いた看板だけである。

こんなに寂しいところに、たったひとりで賢治がやって来たとは、そのときの私には思えなかった。当時の白鳥湖は、白鳥や鴨、シギ、鷺《さぎ》などの猟場だったという。それならなおのこと、一般の観光客が来るようなところではなかったのではないだろうか。

一九三七（昭和十二）年にジャパン・ツーリスト・ビューロー（日本旅行協会）が発行した観光ガイド『ツーリスト案内叢書　第一輯《しゅう》　北海道・樺太地方』には「冬は素晴らしいスケート場となる」とあるが、この冊子が発行されたころには、白鳥湖の近くに新たに鉄道駅が設置されていた。一九二九（昭和四）年開設の北白鳥湖駅《きたはくちょうこ》（一九四一年に白鳥湖駅と改称）である。

だが賢治の時代にはこの駅はなく、栄浜から歩いてくるしかなかった。栄浜の市街地から白鳥湖まで七～八キロあり、夏場でも徒歩で一時間半はかかる。健脚の賢治ならじゅうぶんに歩ける距離ではあるが、白鳥という名がついているというだけで、わざわざここまで来ただろうか。

かつて日本の鉄道の最北端の駅があった栄浜については資料も多く、サハリン取材に出発する前に調べることができた。だが白鳥湖については、『銀河鉄道の夜』の「白鳥の停車場」のモチーフになったとも言われている、というごく簡単な説明がガイドブックやいくつかの賢治の研究書にあるくらいで、具体的な描写のある資料は見つからなかった。

　サハリンは一九九〇年代のはじめまで、島の外からの旅行者のほぼすべてを拒んでいた。現在も観光で訪れる人は少ないが、魅力的な観光名所が存在しないわけではない。日本時代の遺構だけでなく、高山植物や珍しい蝶《ちょう》が見られるチェーホフ山、奇岩がつらなるヴェリカン岬、泥火山と呼ばれる変わった形の噴火跡があるプガチョフスキー火山、オットセイで埋め尽くされたチュレーニー島など、自然美を堪能《たんのう》することのできる場所も多くある。

　白鳥湖は美しいところだが、こうしたダイナミックな景観はなく、観光客はまずやって来ない。わざわざ訪れるのは、賢治のディープなファンくらいだろう。

　ちなみに日本時代の地図には「白鳥湖」と名前が記されているが、サハリンの地図には名前が省略されているものが多い。地元の人たちにとっては、海辺の湿地帯にある大きな水たまり、くらいの認識なのかもしれない。

　その地味な湖を意外な人物が訪れ、詳細な記録を残していることに気がついたのは、日本に帰ってきてからのことだ。その人物とは、あのチェーホフである。

同じルートを旅したチェーホフと賢治

　チェーホフが、大陸を横切る困難な旅を終えて、サハリン北部の港アレクサンドロフスク（現在のアレクサンドロフスク・サハリンスキー）に上陸したのは、一八九〇（明治二十三）年七月一一日のことだ。この町を中心に、囚人やその家族（流刑は長期にわたるため囚人の中にはロシア本土から家族を連れてきた者がいた。また刑期を終えたあと、自由移民として家庭を持つ者もいた）、看守などに聞き取り調査をしたあと、九月一〇日に南部へ向かった。日露戦争の結果、サハリン南部が日本領になって樺太と呼ばれるのはこの十五年後のことで、当時はサハリン全土がロシア領である。

チェーホフを乗せた船は西海岸に沿って南下し、マウカ（日本時代の真岡《まおか》、現在のホルムスク）を経てコルサコフ（同大泊《おおどまり》）に到着。チェーホフはここでコルサコフ監獄などを取材したあと馬車に乗り、陸路で北上した。

『サハリン島』を読み返しながら、このときチェーホフが立ち寄った村々の名前を地図で確認していた私は、あっと声をあげそうになった。チェーホフが通った道が、賢治が大泊から乗った鉄道の線路とほぼ重なることに気がついたのである。

最初に読んだときはロシア語のややこしい地名がなかなか頭に入らず、位置関係もいまひとつよくわからなかったが、このときは現地に二度行ったあとなので、地理がほぼ把握できていた。そのため、チェーホフが旅をした一八九〇年のサハリン南部と、賢治が旅をした一九二三年の樺太の地図を頭の中で重ねることができた。すると、三十三年のときを隔てて、二人が同じルートを通っていたことがわかったのだ。

チェーホフがコルサコフから北上した際の記述があるのは『サハリン島』の第十三章である。このときチェーホフは、のちに鉄道駅が作られることになる、ソロヴィヨフカ（日本時代の貝《かい》塚《づか》）、ミツリョフカ（同中里《なかさと》）、ウラジミロフカ（同豊原《とよはら》、現在のユジノサハリンスク）、ガルキノウラスコエ（同落合《おちあい》、現在のドーリンスク）などに立ち寄っている。

これは私たちが賢治の旅の跡を追って北上したルートでもある。私たちがミツリョフカ（原《はら》卓也《たくや》訳の中央公論新社版では「ミツーリカ」）の駅に寄ったとき、ガイドのワシーリーさんが、この地名はサハリンの有名な農業学者の名前から取られていると教えてくれた話を以前に書いたが、『サハリン島』にこんな記述を見つけた。

第二の村はミツーリカ村で、M・S・ミツーリを記念して、この名がついている。まだ道路のなかった頃、現在のミツーリカ村にあたる場所には、公務で出張する役人たちのために馬をおいておく宿場があった。

（『サハリン島』原卓也訳より）

ワシーリーさんの言っていた農業学者とは、このM・S・ミツーリだったのだ。

あのときワシーリーさんは、日本時代に樺太庁によって鉄道の敷設工事が行われたとき、ミツリョフカに鉄道技師たちの官舎が作られたことを教えてくれた。チェーホフの記述を読むと、その前のロシア時代にも、この地は同じような用途（役人の宿場）に使われていたことがわかって面白い。

サハリンが流刑地だったころ、ロシア政府は、刑期を終えた囚人を農業移民として定住させることを計画しており、ミツーリはその調査のためにペテルブルクから派遣されたらしい。

『サハリン島』の本文にはチェーホフ自身によって多くの脚注が付されているが、彼はミツーリに強く興味を引かれたようで、詳細な注を書いている。

ヴラーソフを隊長として、ペテルブルグから派遣された一八七〇年の探検隊には、農学者のミハイル・セミョーノウィチ・ミツーリも参加したが、まれに見る道徳的タイプの人で、勤勉家、楽天家、空想家で、物に凝りやすく、しかも、自分の凝ったものを他人に伝える能力もあった。彼は当時、三十五くらいだった。自分にゆだねられた依頼ごとには、非常に良心的に対処した。サハリンの土壌、植物界、動物界を調査しながら、彼は現在のアレクサンドロフスク、トゥイミ両管区、西海岸、島の南部一帯を徒歩で巡回していた。そのころ島には道路が全くなく、せいぜい、そここで、密林と沼地に消える貧弱な小道にぶつかるぐらいであり、およそ旅行というものは、馬で行くにせよ、歩いて行くにせよ、まったくの難事であった。（同前）

ミツーリはこのあと『サハリン島』の本文に何度か登場することになるのだが、この注を読むと、チェーホフが会ったことのない彼に対して好感を持っていたことがよくわかる。

チェーホフによる注から見えてくるミツーリの人物像は、賢治によく似ている。まれに見る道徳的タイプであり、かつ空想家であったこと。凝り性だったこと。ひたすら歩いて土壌、植物、動物の調査をしたこと。農業の理想に燃えていたこと……。もし賢治がミツーリのことを知ったなら、きっと共感を覚えたことだろう。

賢治とよく似た農業学者

実はこの注には続きがあり、ミツーリのその後が描かれている。小説の登場人物さながらの彼の人生は、やはりどこか賢治と重なるものがあるように思える。

流刑農業植民地の理想はミツーリをおどろかせ、魅了した。彼はこの理想に心から没頭し、サハリンが好きになり、ちょうど母親が愛児の欠点に気づかないように、彼も、自分の第二の故郷となったこの島で、凍土や霧に気づかないでいた。彼はここを花咲く一天地と見ていたのであり、もちろん当時は無きに等しかった気象の資料も、明らかに彼が疑いの念をもって接していた過去の苦い経験も、その妨げとはなり得なかった。そのうえ、ここには野ブドウ、竹、途方もなく背の高い草、日本人などがあるのだ……島のその後の歴史を見ると、彼はすでに、島の管理者で、あいもかわらず凝り性な、倦《う》むことなく働く五等文官として描かれている。彼はサハリンで、重い神経錯乱のため死去した。享年四十一歳。わたしも彼の墓を見た。その死後、『農業面から見たサハリン島概観』一八七三年、という著書が残された。これはサハリンの豊穣ぶりを讃えた長篇の頌詩《しょうし》である。（同前）

農業によってサハリンを理想の天地にしようとしたミツーリ。サハリンは彼にとってのイーハトヴだったのかもしれない。

ここに書かれているミツーリの著書『農業面から見たサハリン島概観』について調べてみたが、さすがに日本では翻訳されていないようだ。ただ、アレクサンドロフスクにある図書館に「M・S・ミツーリ記念中央図書館」という名がつけられており、ミツーリ関連の資料が収蔵されていることがわかった。

念のために繰り返すが、これは本文ではなく注である。『サハリン島』の注は詳細で、典拠やデータだけではなく、出会った人から得た証言、本文に入りきらなかったエピソード、噂話など、これでもかというくらい盛りだくさんな情報が詰め込まれている。煩雑だと感じる読者は多いはずで、私も初読のときは正直そう思ったが、サハリンに興味を持って調べはじめてからは、注こそが宝の山だと思えてきた。

当時のサハリンについてのここまでくわしい記録はほかにないし、注であるにもかかわらず、作家ならではの視点が生きていて、ロシアのインテリや行政官への容赦ない批評もある。よくぞここまで徹底的に調べ、書き残してくれたと、あの世のチェーホフに向かって手を合わせたいくらいである。

チェーホフがサハリンを地獄にたとえていた話を前に書いたが、もし本当にサハリンが地獄だと考えていたなら、地獄を書き尽くしたいという彼の欲望の深さは、注にこそあらわれているといえる。

ただ人物についての注で、ここまで長く、また好意的なものはほかに見当たらない。サハリンに魅せられ、母親が子供を愛するようにこの地に献身し、その果てに「重い神経錯乱」で亡くなったミツーリ（どういう状況での死だったのか知りたいものである）のために、チェーホフはこの本の中に、ささやかな紙碑を建てたのかもしれない。

のちにくわしく書くが、ミツーリもまた、チェーホフと賢治が通った同じルートを通ってサハリン南部を探索しており、白鳥湖も訪れている。

ミツーリからチェーホフまで二十年。チェーホフから賢治までは三十三年。ときを隔ててはいても、同じ土を踏むことで、異郷を旅する者たちは縁を結ぶ。賢治とミツーリが時空をこえてもし出会うことができたなら、何を語り合っただろうか。

ミツリョフカ駅で、ワシーリーさんから駅名の由来となった農業学者の話を聞かなければ、私は『サハリン島』のミツーリについての記述に目をとめることはなく、流刑の島を理想の農地に変えるために奮闘した、賢治とよく似た資質をもつロシア人がいたことを知らずに終わっただろう。話が途切れるといきなり歌い出す癖には閉口させられたが、やはりワシーリーさんはすばらしいガイドである。

『サハリン島』の初訳本を入手

ところでチェーホフの『サハリン島』を賢治は読んでいただろうか。もし、樺太への旅の前に読んでいたとしたら、かつてチェーホフが訪れた場所ということで、白鳥湖に足を延ばした可能性も出てくる。

まず、賢治がチェーホフを知っていたかどうかだが、詩集『春と修羅』に収録された「マサニエロ」に、こんな一節がある。

蘆《あし》の穂は赤い赤い
（ロシヤだよ　チエホフだよ）
はこやなぎ　しつかりゆれろゆれろ
（ロシヤだよ　ロシヤだよ）
（「マサニエロ」より）

この「マサニエロ」は樺太への旅の前年に書かれているので、樺太に赴いた時点で賢治がチェーホフを知っていたことは間違いない。

チェーホフの作品は日本でも明治四十年代から翻訳が刊行されている。一九一三（大正二）年に雑誌『青鞜《せいとう》』に掲載された「桜の園」が、二年後の一九一五（大正四）年に早くも小山内《おさない》薫《かおる》の演出によって帝国劇場で初演されており、よく知られた作家だったことがわかる。賢治はチェーホフの名を知っていただけでなく、作品を読んでいたに違いない。

問題は、チェーホフ作品では相当マイナーな存在である『サハリン島』を、当時の日本で読むことができたかどうかだ。

調べてみたところ、日本でこの作品が出版されたのは一九二五（大正十四）年であることがわかった。刊行時のタイトルは『サガレン紀行』。偶然にも、本書の連載時のタイトルと同じだった。訳者はドストエフスキーなどの翻訳もある三宅賢《みやけけん》で、版元は「大日本文明協會事務所」となっている。

刊行は賢治の樺太行きの二年後だから、旅の前に読んでいた可能性はない。樺太にやって来たときの賢治は、三十三年前にチェーホフが来ていたことをおそらく知らなかっただろう。自分と同じルートをたどって旅をしていたことを知ったら、きっと驚いたに違いない。

『サハリン島』の最初の和訳本である『サガレン紀行』は、現在、国会図書館のデジタルコレクションに入っており、全ページがオンライン公開されている。パソコンでもスマートフォンでも読むことができ、私も最初はそうやって読んだのだが、自分が書いている紀行文と同じタイトルだと知って、ぜひとも実物を手に入れたくなった。

刊行から九十年以上がたっており、発行部数も多いとは思えないので、高値がついていると予想し、おそるおそるインターネットで検索してみた。するとある古書店が、三千円で販売していることがわかった。

大正から昭和初期に刊行された樺太関係の資料で、手もとに置きたいものはこれまでにもたくさんあったが、高価であきらめざるを得ないものがほとんどだった。しかしこの『サガレン紀行』は、検索でヒットしたのがオークションも含めてこの一冊だけだったにもかかわらず、予想外の安値である。オンラインで読めるようになったことも関係しているのかもしれないが、私のところに来るのを待っていてくれたような気がして、即座に購入ボタンをクリックした。

ちなみに、一九三九（昭和十四）年には、樺太庁刊行の「樺太叢書」シリーズの一冊として、『サガレン紀行抄』（太宰俊夫《だざいとしお》訳）が刊行されている。『サガレン紀行』の抄録に、「エヌ・エス・ロバース」という人のエッセイ「サガレンの思ひ出」を付した冊子で、その後、復刻版をネットで見つけて手に入れた。こちらは八百円だった。

実は最初に出版された『サガレン紀行』も完訳ではなく、二十三章ある原本のうち、収録されているのは十四章までである。訳者による巻頭言にもその旨が記され、「紙数を限られた譯《やく》者《しゃ》は、又旅行記の趣意を主とした譯者は、後半を省略するのを適當《てきとう》と考へた」とある。たしかに十五章以降は紀行文ではなく、流刑囚をはじめとする住民たちの実態の報告書のような内容になっている。

チェーホフのことを「トルストイ以後の作家にして、彼と比肩され得る者は未《いま》だない」「近代ロシヤの新文學創立者の榮譽は、彼の頭上に當然《とうぜん》落つべきである」と賞賛する訳者は、文学者としての目が生きている前半だけで十分だと思ったのだろう。

チェーホフ、白鳥湖へ行く

少し寄り道をしたが、チェーホフが白鳥湖を訪れた話に戻ろう。

『サハリン島』には、白鳥湖という名前は出てこない。ではなぜチェーホフが白鳥湖に行ったことがわかったかというと、十三章の終わりに「(ナイーバ河の)河口の辺り」の「沼地」を訪れたときの描写があるからだ。ナイーバ河、すなわち内淵川が海に注ぐ河口の沼地といえば、白鳥湖しかない。

さらに、この沼地の直前にチェーホフが通った「カシの木村」が、栄浜だとわかったことも決め手となった。

『サハリン島』には「街道筋の最後にあるのが、カシの木村で、かつてカシの林があった場所に、一八八六年に作られた」とある。ここは河口の沼地に至る前の最後の集落だと書かれているから、もしチェーホフのいうところの沼地が白鳥湖であるなら、「カシの木村」=「栄浜」でなければならない。

だがチェーホフは、カシの木村が海岸にあるとは書いていない。港の描写もない。耕地と草刈り場があると書かれているだけだ。

カシの木村は、はたして栄浜なのか。この疑問を解いてくれたのが、インターネットの古書店で入手した初訳『サガレン紀行』と、抄訳『サガレン紀行抄』である。

『サガレン紀行』では、「カシの木村」という日本語に訳した地名ではなく、当時のロシア語読みのまま「ドープキ」と表記している。現在のサハリンの地図で「ドープキ」を探し、そこが昔の栄浜の位置であれば、カシの木村は栄浜だと特定できることになる。

だが現在のサハリンの地図を見ても「ドープキ」という地名は見当たらない。第二次世界大戦後のソ連は、帝政ロシア時代の地名をしばしば変えてしまっているのだ。

やはり特定は無理だったかとがっかりして、古書店から届いたばかりの『サガレン紀行抄』を開いてみた。すると本文の前に、帝政ロシア時代の地名と、日本領樺太になってからの地名の対照表がついているではないか。そこには「ドープニキ」という項があり、その下にしっかり「榮濱」と書かれている。

こうして「カシの木村」（原卓也訳『サハリン島』）＝「ドープキ」（三宅賢訳『サガレン紀行』）＝「ドープニキ」（太宰俊夫訳『サガレン紀行抄』）＝「栄浜」であることが判明し、私は「（ナイーバ河の）河口の辺り」の「沼地」が白鳥湖であることを確信したのである。

その白鳥湖を、チェーホフは次のように描写している。

カシの木村からナイーバ河の河口までは、わずか四キロを残すのみで、その地域への移住はもはや不可能だ。なぜなら、河口の辺りは沼地になっているし、海岸は一面の砂と、砂地海岸性植物におおわれているからだ。非常に大きな実を結ぶ野バラだの、ガマなどの植物である。道は海までつづいているが、アイヌの小舟で河を下ることもできる。

（『サハリン島』原卓也訳より）

この部分を読んだとき、これはたしかに白鳥湖付近の景色だと思った。「砂地海岸性植物」の「野バラ」とはハマナスのことだ（太宰俊夫訳では「ハマナス」と訳されている）。ガマも生えていたし、道は海に続いていた。

チェーホフがここを訪れたのは、私たちが行ったのと同じ九月である。ハマナスが「非常に大きな実」を結んでいるのを見たことを思い出し、チェーホフとの間に横たわる百年以上の時間が一気に縮まった気がした。

八　白鳥湖の謎

百二十八年後の白鳥湖

チェーホフによる白鳥湖周辺についての記述をさらに見ていくことにしよう。

『サハリン島』には、ナイーバ（内淵《ないぶち》）川の河口、つまり白鳥湖のあたりに、一八六六年（チェーホフが訪れた二十四年前である）に「ナイブーチ監視所」が作られたと書かれている。

地名の表記がややこしいが、ナイーバ（現在のロシア）＝内淵（日本時代）＝ナイブーチ（帝政ロシア時代）と考えてもらって差し支えない。いずれも語源はアイヌ語で「河口」を意味する。

『サハリン島』に登場する、チェーホフの敬愛する農業学者ミツーリがここにやって来た一八七〇年頃、ナイブーチ監視所のあたりには、人の住む家や空き家を合わせて十八軒の建物と、小礼拝堂、食料品店があったという。

チェーホフは、当時のことを知るV・ヴィクトグフトという人物の「サハリン島について一言」(『クロンシタット通報』一八七二年第七号所載)という文章を紹介している。彼はミツーリがやって来たのと同じ頃(一八七一年)にここを訪れた士官候補生である。

その「サハリン島について一言」によると、当時のナイブーチ監視所には士官候補生の指揮下に二十人の兵士がおり、ある小舎ですらりとした美人の兵士の妻が、ヴィクトグフトに生みたての卵と黒パンを振舞ってくれたという。彼女はここの生活を讃《ほ》めそやし、砂糖が高いことだけを愚痴ったそうだ。

だがチェーホフが訪れたときには監視所はすでになく、もちろん礼拝堂や食料品店もなかった。沼地と川、一面の砂に覆われた海岸があるだけである。

チェーホフはこう書いている。

今やそれらの小舎は跡かたもなく、あたりの荒涼たる景色を眺めていると、美人で背の高い兵士の妻など何か神話のように思えてくる。ここでは今、新しい家を一軒建てているだけだ。見張り小舎か、宿場なのだろう。見るからに冷たそうな、濁った海が吠えたけり、丈余の白波が砂に砕けて、さながら絶望にとざされて『神よ、何のためにわれわれを創ったのです?』とでも言いたげな風情だった。

(『サハリン島』原卓也訳より)

チェーホフから百二十八年後に私たちが訪れたときも、このあたりに建物らしい建物はなく、

チェーホフが訪れた白鳥湖。はたして賢治は……？

海岸沿いに幹線道路が走っているだけだった。

空が真っ青に晴れわたった美しい日だったので、チェーホフが見た景色のように荒涼としてはいなかったが、ほとんど何もない場所であることは同じである。

チェーホフは続けて、ナイーバ（内淵）川の河口の海岸をこう描写している。

ここはもはや太平洋なのだ。このナイブーチの海岸では、建築場にひびく労役囚たちの斧の音がきこえるが、はるか彼方《かなた》に想像される対岸はアメリカなのである。左手には霧にとざされたサハリンの岬が望まれ、右手もまた岬だ……あたりには人影もなく、鳥一羽、蠅一匹見当らぬ。（同前）

もちろんこの海岸が面しているのはオホーツク海だ。しかし、北海道の東部からカムチャツカ半島まで、いまは北方領土と呼ばれる地域を含む大小の島々がネックレスのようにつらなっている千島《ちしま》列島を越えた向こうにあるのは、たしかに太平洋である。

オホーツク海というと、はるか北方まで続く大海のイメージが私にはあった。だが日本海と同様、大陸と半島、列島に囲まれた内海であることに、これを読んで改めて気づかされた。

モスクワを発《た》ってシベリアを横断し、二か月半をかけてサハリンにやって来たチェーホフは、たどり着いた極東の島の岸辺で、はるかなアメリカ大陸を「対岸」としてイメージしているのだ。

ちなみに、チェーホフはここで「鳥一羽、蝿一匹見当らぬ」と書いているが、同じ九月に白鳥湖を訪れたときの私も、虫の姿を見なかった。サハリンの他の場所ではしばしば虫に刺されたが、ここでは藪《やぶ》の中を歩いてもまったく刺されることがなく、不思議に感じたのだった。鳥についても、ガイドのワシーリーさんが、白鳥湖の湖畔で一度だけ「あそこにアオサギがいますね」と指さして教えてくれただけで、そのほかには一羽も見なかった。

虫も鳥もいないということは、生きものの声がしないということである。聞こえたのは水面を渡る風の音だけで、そのことも、白鳥湖とその湖畔を、外界から隔絶された別世界のように感じさせたのだった。

『サハリン島』におけるチェーホフの文章は、そのほとんどが事実を淡々と報告するそっけないものだ。だが、この岸辺に立ったときは、胸にあふれてくるものがあったようで、島内のほかの場所を訪れたときには見られない、主情的な文章を綴《つづ》っている。

こんなところで波はいったいだれのために吠えたけっているのか、だれがその声をここで夜毎にきくのか、波は何を求めているのか、さらにまた、わたしの去ったあと、波はだれのために吠えつづけるのだろうか——それすらわからなくなってくる。この海岸に立つと、思想ではなく、もの思いのとりこになる。そらおそろしい、が同時に、限《き》りなくここに立ちつくし、波の単調な動きを眺め、すさまじい吠え声をきいていたい気もしてくる。

（同前）

「白鳥の停車場」で下車した二人

何もないというそのことで、チェーホフを魅了した海岸の沼地（白鳥湖）と河口の景色。それから三十三年後に樺太《からふと》を訪れた賢治もそれを見たのだろうか。

すでに書いたように、賢治が白鳥湖に行ったという証拠も記録も残っていない。ならば、彼によって書かれたものから推測するしかない。樺太への旅が重要なモチーフになっている『銀河鉄道の夜』の「白鳥の停車場」の描写を、まずは見てみることにする。

「もうぢき白鳥の停車場だねえ。」
「あゝ、十一時かっきりには着くんだよ。」
早くも、シグナルの緑の燈《ひ》と、ぼんやり白い柱とが、ちらっと窓のそとを過ぎ、それから硫黄《いわう》のほのほのやうなくらいぼんやりした転てつ機の前のあかりが窓の下を通り、汽車はだんだんゆるやかになって、間もなくプラットホームの一列の電燈が、うつくしく規則正しくあらはれ、それがだんだん大きくなってひろがって、二人は丁度白鳥停車場の、大きな時計の前に来てとまりました。

さはやかな秋の時計の盤面《ダイアル》には、青く灼《や》かれたはがねの二本の針が、くっきり十一時を指しました。みんなは、一ぺんに下りて、車室の中はがらんとなってしまひました。

〔二十分停車〕と時計の下に書いてありました。

「ぼくたちも降りて見ようか。」ジョバンニが云《い》ひました。

「降りよう。」

二人は一度にはねあがってドアを飛び出して改札口へかけて行きました。


（『銀河鉄道の夜』より）


こうして二人は下車する。白鳥の停車場は、『銀河鉄道の夜』の中で、ジョバンニとカムパネルラが途中下車する唯一の停車場（駅）である。

汽車を降りた二人は、停車場の前の小さな広場を抜けて、幅の広い白い道を歩いていった。するとまもなく、少し前に汽車から見えたきれいな河原に出た。川上の方を見ると、五、六人の人影が、何かを埋めるか掘り出すかしている。

行ってみると、「プリオシン海岸」という標札が立っていて、二人はくるみの実の化石を拾う。そこでは学者らしき人が助手に指示を出しながら、発掘作業をしていた。

> 見ると、その白い柔らかな岩の中から、大きな大きな青じろい獣の骨が、横に倒れて潰れたといふ風になって、半分以上掘り出されてゐました。そして気をつけて見ると、そこらには、蹄の二つある足跡のついた岩が、四角に十ばかり、きれいに切り取られて番号がつけられてありました。（同前）

そこは河原のはずなのに、なぜ「プリオシン海岸」という標札が立てられていたのか。それは、このあと学者らしき人が言う「ここは百二十万年前、第三紀のあとのころは海岸でね、この下からは貝がらも出る」という言葉によってわかる。いまは河原だが、太古の昔は海岸だったというのだ。

「イギリス海岸」で化石を発見

河原を海岸と呼んでいることから連想するのは、賢治が「イギリス海岸」と呼んだ花巻《はなまき》市上《かみ》小《こ》舟渡《ぶなと》付近の北上川《きたかみがわ》西岸である。

賢治にはこの海岸のことを書いた、その名も「イギリス海岸」という作品があり、それはこんなふうに始まっている。

夏休みの十五日の農場実習の間に、私どもがイギリス海岸とあだ名をつけて、二日か三日ごと、仕事が一きりつくたびに、よく遊びに行った処《ところ》がありました。

それは本たうは海岸ではなくて、いかにも海岸の風をした川の岸です。北上川《きたかみ》の西岸でした。東の仙人峠《せんにん》から、遠野《とおの》を通り土沢《つちさわ》を過ぎ、北上山地を横截《よこぎ》って来る冷たい猿《さる》ヶ石《いし》川の、北上川への落合から、少し下流の西岸でした。

イギリス海岸には、青白い凝灰質の泥岩が、川に沿ってずゐぶん広く露出し、その南のはじに立ちますと、北のはづれに居る人は、小指の先よりもっと小さく見えました。

(「イギリス海岸」より)


賢治が書いているように、このあたりは川床が白い泥岩層でできている。賢治はイギリスの白亜の海岸に似ているとして、こう命名したという。


日が強く照るときは岩は乾いてまっ白に見え、たて横に走ったひゞ割れもあり、大きな帽子を冠《かむ》ってその上をうつむいて歩くなら、影法師は黒く落ちましたし、全くもうイギリスあたりの白堊《はくあ》の海岸を歩いてゐるやうな気がするのでした。

(同前)


この場所には私も行ったことがある。きれいな水が流れる静かな河岸だったが、岩は水の底

賢治と教え子たちが化石を見つけた「イギリス海岸」の現在の様子

に隠れ、賢治が描写する「白堊の海岸」の面影は、ほとんど感じられなかった。
当時の地図と現在の地図を比べると、川の流れが大きく変わっていることがわかる。また、北上川水系のダムが整備されたことで水位が上がり、川に沿って露出していた「青白い凝灰質の泥岩」の大部分が水の下に隠れてしまったこともあって、イギリス海岸という名が似合わなくなってしまったようだ。
ただ、この河原が賢治の時代、本当にヨーロッパの海岸を思わせる景色だったかどうか疑問に思わなくもない。私が訪れたときの感想を正直に言えば、あくまでも日本的な景色であり、こんな感じの岩の岸辺なら、日本のほかの地方にもありそうに思えた。
だが、賢治は、単にイメージだけでここをイギリス海岸と呼んだわけではなかった。

それに実際そこを海岸と呼ぶことは、無法なことではなかったのです。なぜならそこは第三紀と呼ばれる地質時代の終り頃《ころ》、たしかにたびたび海の渚《なぎさ》だったからでした。（同前）

もともとは海岸だったところが、いまは河原になっているという。『銀河鉄道の夜』の「学者らしい人」が言ったことと同じである。

さらに賢治と生徒たちは、ここで化石を発見してもいる。まずはくるみの実の化石。そして、生徒の一人が、動物の足跡のついた岩を見つける。

その時、海岸のいちばん北のはじまで溯《さかのぼ》って行った一人が、まっすぐに私たちの方へ走って戻って来ました。

「先生、岩に何かの足痕《あしあと》あられす。」（中略）

白い火山灰層のひとところが、平らに水で剝《は》がされて、浅い幅の広い谷のやうになってゐましたが、その底に二つづつ蹄《ひづめ》の痕のある大《おほき》さ五寸ばかりの足あとが、幾つか続いたりぐるっとまはったり、大きいのや小さいのや、実にめちゃくちゃについてゐるではありませんか。（同前）

賢治たちは、その岩を掘り出し、切り取って学校へ持って帰った。これもまた『銀河鉄道の夜』に「蹄の二つある足跡のついた岩が、四角に十ばかり、きれいに切り取られて番号がつけられてありました」とあるのと同じである。

この、くるみの実および偶蹄《ぐうてい》類の足跡の化石の採取は実際にあったことで、佐藤成《さとうひとし》『証言宮澤賢治先生　イーハトーブ農学校の1580日』（農山漁村文化協会刊）によれば、一九二二（大正十一）年のことだったという。くるみの化石は岩手師範学校（現在の岩手大学教育学部）の博物学者、鳥羽源蔵《とばげんぞう》に送られ、さらに東北帝国大学地質学古生物学教室の助教授だった早坂《はやさか》一郎《いちろう》へ転送された。いまだ学会に発表されていない化石であることがわかり、早坂はイギリス海岸に赴いて、自分でもくるみの化石を採集したという。

こうして見ていくと、『銀河鉄道の夜』の「プリオシン海岸」のモデルはイギリス海岸だと考えられるが、樺太の白鳥湖と重なる部分がないわけではない。実は白鳥湖のほとりでも発掘調査が行われ、古代の遺跡が発見されているのだ。

鉱山技師ラパーチンの情熱

一度目のサハリン取材から帰ったあと、白鳥湖についての情報を探していたときに、北海道教育委員会のサイトに、「サハリンの竪穴《たてあな》群発見一五〇周年」と題された記事があるのを見つけた。

二〇一八年は、一八六八年にロシアの鉱山技師インナキェンチイ・ラパーチンが、白鳥湖の北東岸で、古代の竪穴住居跡群を発見してからちょうど百五十年になるという内容だった。

あの何もない沼地に、古代人が住んでいたとは！　と驚いた私は、ラパーチンについて調べてみた。著書などは見つからなかったが、彼が一八七〇年にロシア帝国考古学委員会に提出した報告書の邦訳がインターネット上で読めることがわかった（西脇対名夫《にしわきつなお》訳）。

それによると、ラパーチンが竪穴住居の遺跡を発見したのは一八六八年四月二八日（当時のロシアで使われていたユリウス暦。グレゴリオ暦では五月一〇日にあたる）。農業学者ミツーリが白鳥湖にやって来る二年前である。

場所についてラパーチンは「河口（ナイプチ）から遠くない、ロシアのナイブチ哨所《しょうしょ》に近い湖の岸」と書いている。この「ナイブチ哨所」とは、チェーホフの『サハリン島』にあった「ナイブーチ監視所」のことだと思われる（哨所とは監視や警備を目的とする分隊や小隊の詰所のこと）。ここでいう「湖」はもちろん白鳥湖だ。

このあたりはアイヌの集落があった場所で、ラパーチンは、アイヌはこの湖を「ナイプチトー」と呼んでいたと書いている。ナイプチは河口、トーは沼や湖を指す言葉である。

ラパーチンは湖岸で発見した竪穴住居の遺跡で、石斧《せきふ》、加工のある石片、多数の土器片、そしてイノシシの牙《きば》と骨（発掘当時すでにサハリンにはイノシシは生息していなかった）を発掘している。これは『銀河鉄道の夜』のプリオシン海岸でジョバンニとカムパネルラが目撃する「大きな大きな青じろい獣の骨」を思わせる。

賢治がラパーチンの発掘について知っていたかどうかはわからない（もし知っていたら、白鳥湖を訪ねたと推測できる有力な根拠になるのだが）。だが、たとえ偶然だとしても、この一致には心をひかれるものがある。

『銀河鉄道の夜』で、汽車は川のほとりを走っていたのに、下車してみるとそこには「海岸」があった、というのも、川が海に出る直前の河口湖である白鳥湖とイメージが重なる。

ラパーチンは、発掘場所の周辺にアイヌの集落があったことから、竪穴住居に住んでいたのは古代のアイヌの人々ではないかとも考えたようだ。だがアイヌの人々がラパーチンに語ったところによれば、土器を使い竪穴に住んでいたのはトイジという古代人で、彼らは北方に去ったということだった。

もともとは鉱山技師で、探鉱のためにサハリンにやって来たラパーチンだったが、このときの発見をきっかけに考古学への関心を本格化させ、東シベリアにおける古墳や古代遺跡の発掘許可をロシア帝国考古学委員会に求める。そして後年、シベリア古代遺物の収集家として知られる人物になるのである。

ミツーリも、このラパーチンも、サハリンにやって来たことで奇妙な情熱にとりつかれ、運命を変転させていった人である。ミツーリがどこか賢治に似ていると前に書いたが、鉱物が大好きで、子供のころは「石コ賢さん」とあだ名されたという賢治（晩年は東北砕石工場の技師となった）と、鉱山技師だったラパーチンの間にも、共通するものがあるように思える。

チェーホフ（作家）、ミツーリ（農業学者）、ラパーチン（鉱山技師）の三人が、それぞれにやって来た白鳥湖。こうなると、賢治も同じ土地を踏んでいてほしい気がするが、残念ながらやはり確証はつかめないままである。

実は、この翌年（二〇一九年）の夏も、私はサハリンへ旅をしている。そして再度、白鳥湖を訪ねた。

沼地と海岸しかない風景に、なぜこんなにひかれるのか、自分でもよくわからない。先人たちの情熱が、土地を通じて感染したのだろうか。

九　光の中を走る汽車

樺太鉄道の車窓から

早朝の栄浜《さかえはま》（現在のスタロドゥプスコエ）を散策し「オホーツク挽歌《ばんか》」を書いた同じ日、栄浜駅を午後四時三十五分に発車する列車で、賢治は豊原《とよはら》（同ユジノサハリンスク）へ向かった。その車中で書かれたと思われる詩「樺太《からふと》鉄道」は、こんなふうに始まる。

やなぎらんやあかつめくさの群落
松脂岩薄片のけむりがただよひ
鈴谷《すずや》山脈は光霧か雲かわからない
　（灼《や》かれた馴鹿《となかい》の黒い頭骨は

線路のよこの赤砂利に
　ごく敬虔《けいけん》に置かれてゐる)
そつと見てごらんなさい
やなぎが青くしげつてふるへてゐます
きつとポラリスやなぎですよ
（「樺太鉄道」より）

車窓からの風景である。近景に、やなぎらんやあかつめくさの群落があり、遠景には鈴谷山脈が見える。鈴谷山脈は、栄浜から大泊《おおどまり》にかけての平地の東側に位置し、賢治が乗る泊栄線の線路と並行するかたちで山々がつらなっている。このときの賢治には、左側の車窓に山並が見えていたはずだ。

近景と遠景の中間に、「松脂岩薄片のけむり」が漂っている。松脂岩はガラス質火山岩で、鉱物の結晶を含んでいるものは、薄片にすると煙のような模様が見える。周囲に何かを焼く煙が漂っていたのか、あるいは蒸気機関車の煤煙《ばいえん》だろうか。

そして、灼かれて黒くなった馴鹿（トナカイ）の頭骨が線路脇に置かれているという。トナカイを飼育していたのはおもに、北緯五〇度の国境線付近から北に住んでいた先住民族ウィルタ（オロッコ）の人たちである。国境の南に位置する敷香《しすか》（現在のポロナイスク）には、先住民族の人々を一か所に集めて生活させた「オタスの杜《もり》」があり、内地からの観光客が見物に訪れていたことを第一部で書いたが、そこではトナカイも観光資源のひとつだった。

賢治の詩には、トナカイの頭骨が「敬虔に」置かれていたとあり、どこか宗教的な感じを受けるが、車中から実際に頭骨を見たのかどうかはわからない。樺太の南部にあたるこのあたりに、トナカイは生息していなかったと思われるからだ。昭和五（一九三〇）年刊行の『日本地理大系10　北海道・樺太篇《へん》』には、「オロツコ族が敷香を境としそれより南へ発展し得ない訳は、南方にはツンドラ原野なく随《したが》つて、生活上重要な役割を演ずる馴鹿の飼育が不可能だからであるトナカイは馴性に富み冬季物資の運搬に使用せらる（原文のまま）」とある。

続いて「ポラリスやなぎ」という印象的な、しかしあまり聞かない名前の柳が出てくる。ポラリス（polaris）とは北極星のことだが、これはいったいどんな植物なのか。

賢治が乗った、栄浜―豊原間の線路

ポラリスやなぎという名で調べても出てこないので、あるいは賢治の造語かと思ったが、図書館で図鑑をめくっていると、Salix polarisという名の植物があった（Salixはヤナギ）。日本でいうチシマヤナギの仲間らしい。

柳というとしなやかな枝のイメージが強いが、チシマヤナギの写真を見ると、地面を覆う低木で、枝は短く、丸い葉をもっている。そういえば私もサハリンで、こんな感じの植物を見かけたことを思い出した。

あれが賢治のいうポラリスやなぎだったかどうかはわからないが、サハリンの山野でしばしば見かける、高山植物の雰囲気をもつ植物である。

ポラリスやなぎの描写に、賢治は「しげつて」という表現を使っているが、もし彼が見たのが、細く長い枝をもつ、私たちがよく知る柳の仲間だったら、こうした言い方はしなかっただろうし、「ふるへて」ではなく「ゆれて」と書いたのではないだろうか。やはりポラリスやなぎとは、茂みを作る低木のことであるに違いない。

科学者と雲と浸透圧

こうして賢治が詩に描いた情景をひとつひとつ見ていくと、私自身がサハリンで出会った風物を思い出す。「あれのことかな?」と思い当たるのである。

残念ながらトナカイとは会えなかったが（旧ソ連崩壊後、サハリンのトナカイは激減し、密猟で一時は絶滅寸前まで追い込まれたそうだ）、剥製《はくせい》なら、ユジノサハリンスクとノグリキの博物館でじっくり見た。以前にも書いたように、大瀧《おおたき》詠一《えいいち》氏の名曲「さらばシベリア鉄道」を愛唱歌とする私は、トナカイにあこがれている。サハリンで撮った写真で、自分が写っているものはごく少ないが、剥製のトナカイとはしっかり一緒に記念撮影をしてきた。

この詩の冒頭に出てくるやなぎらんやあかつめくさも、三度目のサハリン行きが賢治と同じ八月初旬だったので、群生する風景を見ることができた。

詩はこう続く。

おお満艦飾のこのえぞにふの花
月光いろのかんざしは
すなほなコロボツクルのです
（ナモサダルマプフンダリカサスートラ）
Van't Hoff の雲の白髪の崇高さ
崖《がけ》にならぶものは聖白樺《セントベチユラアルバ》
（同前）

えぞにふ（エゾニュウ）は、長いまっすぐな茎の先に、傘のような花がついた植物である。線香花火をさかさまにしたかたちをイメージしてもらうと近いかもしれない。北海道にも自生するそうだが、私はサハリンで初めて見た。

寒冷地のため低木の多いサハリンの野原や山裾《やますそ》の傾斜地から、ひときわ背の高いエゾニュウがつき出している様子はどこか奇妙で、最初に見たときはぎょっとした。冬はそのまま立ち枯れて黒いシルエットになる。

「月光いろのかんざし」というのは賢治一流の比喩《ひゆ》で、たしかに全体が巨大な簪《かんざし》のように見えなくもない。花は少し黄みがかったやわらかな白色なので、月光いろというのは言い得て妙である。

コロボックルとはアイヌの伝説に出てくる小人の妖精《ようせい》で、日本人のルーツではないかと、かつて真面目に議論されたこともある。

Van't Hoff（ファント・ホッフ）は一九〇一年にノーベル賞を受賞したオランダの化学者である。賢治のほかの詩と同様、それまでの詩句とは一見つながりのないものが説明なしにいきなり出てくるのでとまどうが、ファント・ホッフの白髪を白い雲と重ねたというのが一般的な解釈だ。髪の毛を雲の比喩に使うのはなかなか斬新《ざんしん》で、おそらくこの雲は絹雲（細く筋状にちらばった雲）なのだろう。

詩人の草野《くさの》心平《しんぺい》は、「Van't Hoff の写真を、残念ながら私は見たことがない。だからなんとも言うことは出来ないが、おかしなことに私はアインスタインの髪の毛を連想するのだ」（『「春と修羅」研究Ⅰ』）と書いているが、まさにあんな感じの蓬髪《ほうはつ》をイメージさせる。だが、インターネットでファント・ホッフの写真を探してみて見たところ、髪は短い。どの写真も毛先がちょっと乱れてはいるが、寝ぐせ程度のものだった。

思っていたイメージと違うな、と思いながら、ファント・ホッフについて調べてみると、彼がノーベル賞を受賞した業績である「ファント・ホッフの法則」は、浸透圧に関するものであることがわかった（「希薄溶液の浸透圧は絶対温度と溶液のモル濃度に比例する」）。

化学は苦手だが、わからないなりにネット上の記事や論文を読んでみたところ、この法則は、植物が根から水分を吸い上げ、導管の中を上方に運ぶ仕組みにも関係しているという。

それを知ったとき、「もしかして……！」と思った。「Van't Hoff」の数行前にある「えぞにふ」の、人の背丈ほどもある茎を思い出したのだ。まっすぐ上に伸びた棒状の長い茎を見て、賢治は、地面から先端まで水を吸い上げる浸透圧の働きに思いを致したのではないか、ファント・ホッフの名がここに出てくるのはそのためではないか、とひらめいたのだ。

梶井《かじい》基次《もとじ》郎《ろう》の短篇「桜の樹の下には」に、「何があんな花弁を作り、何があんな蕊《しべ》を作っているのか、俺は毛根の吸いあげる水晶のような液が、静かな行列を作って、維管束のなかを夢のようにあがってゆくのが見えるようだ」という一節がある。維管束とは、植物の幹や茎の中にあって、水分や養分を運ぶパイプのような組織である。梶井は桜の樹を見ながら、そこを液体があがっていくさまを透視するのだ。

賢治の詩に出てくる「えぞにふ」（エゾニュウ）

梶井と同様に、賢治の眼にも、大地から吸い上げられた水分と養分が、エゾニュウの直立する茎を上昇していくのが見えたのではないだろうか。

白髪と浸透圧という二つのイメージを重ねて、賢治はこの詩にVan't Hoffを登場させたというのが、「えぞにふ」を現地で見た私の推論である。

ちりばめられた光のイメージ

「樺太鉄道」に描かれる風景はいきいきと新鮮で、「青森挽歌」「宗谷挽歌」の陰鬱《いんうつ》さとも、「オホーツク挽歌」の痛切な悲しみを秘めた穏やかさとも違う明るさがある。

青びかり野はらをよぎる細流
それはツンドラを截《き》り
　（光るのは電しんばしらの碍子《がいし》）
夕陽にすかし出されると
その緑金の草の葉に
ごく精巧ないちいちの葉脈
　（樺《かば》の微動のうつくしさ）
黒い木柵《もくさく》も設けられて
やなぎらんの光の点綴《てんてい》
　（こゝいらの樺の木は
　焼けた野原から生えたので
　みんな大乗風の考をもつてゐる）

（「樺太鉄道」より）

「大乗」は悟りの彼岸へ到達させる乗り物、ひいては偉大な教えを意味する仏教用語で、ごく大雑把にいえば、修行者の解脱を目的とする教え（「小乗」）に対して、在家信者や一般民衆を解脱に導くための教えのことだ。

樺太では山火事が多く、その焼け野原にまず生えるのが白樺だった。「こゝいらの樺の木は／焼けた野原から生えたので」とあることから、賢治はそれを知っていたことがわかる。

当時の樺太では、自然発火による火災以外にも、開墾のための野焼きの火が山林に燃え移って大火となることがあった。また、森林の乱伐採が行われ、盗伐も横行していたため、その跡を隠すために火をつける者もあった。

大正元（一九一二）年刊行の『樺太風土記』（西田《にしだ》源蔵《げんぞう》）を開くと、「樺太の自然」と題する章に、「霜牙《さ》ゆる國《くに》」「海凍る國」「酒凍る國」と並んで「山焼くる國」という項目がある。そこには「始めて樺太の地を踏みたる余は（中略）山火の猛烈なるに心魂を奪取されたり」「山火は樺太の名物なり」といった記述がある。一九三四（昭和九）年に樺太を旅した林芙美子が、無惨な山火事の跡を嘆く文章を残していることを以前に取り上げたが、それは芙美子の時代に始まったことではなかったのだ。

焼け跡に生える白樺は、人為的に荒らされた土地に生命が甦《よみがえ》ることの象徴なのだろう。白樺の美しさは賢治に、宗教的な意味においても感銘を与えたに違いない。

ちなみに、「オホーツク挽歌」にも出てくるやなぎらんもまた、焼け跡に生える植物だと、ガイドのワシーリーさんが教えてくれた。

この詩のひとつの特徴は、さまざまな表現で「光」が描かれていることだ。細い流れとなって野原をよぎる青びかり、光る碍子、夕陽にすかし出される葉脈、散らばった光のようにあちこちに咲いているやなぎらん……。

このあとにも、「プリズム」「日光」「反射」「スペクトル」といった言葉が使われている。この詩から感じられる透明な明るさは、光のイメージがちりばめられていることからくるのだろう。

たしかに日はいま羊毛の雲にはひらうとして
サガレンの八月のすきとほつた空気を
やうやく葡萄《ぶだう》の果汁《マスト》のやうに
またフレップスのやうに甘くはつかうさせるのだ
そのためにえぞにふの花が一そう明るく見え
松毛虫に食はれて枯れたその大きな山に
桃いろな日光もそそぎ
すべて天上技師 Nature 氏の
ごく斬新な設計だ
（同前）

フレップス（フレップ）とは樺太に自生するこけももの実のことで、そのまま食べるほか、シロップ漬けやジャム、ジュース、果実酒などにしていた。現在のサハリンでも広く食されていて、道端や市場で売られているのを私も見た。

こうして見ていくと、賢治はこの詩に、樺太ならではの風物――やなぎらん、馴鹿、ポラリスやなぎ、えぞにふ、白樺、ツンドラ、そしてフレップス――を、まるで記念写真をアルバムに貼るように記している。移り変わる景色のひとつひとつを、愛情をこめて言葉に定着させているのである。

この詩に描かれた樺太鉄道の車窓からの景色は、賢治が生涯に描写した風景の中で、もっとも美しいもののひとつだと私は思う。

政庁都市・豊原での賢治

賢治を乗せた列車が豊原に着いたのは午後七時三十分である。

豊原は、ロシア時代のウラジミロフカという集落を前身とし、その南側に作られた都市である。南北に鉄道が走り、市街地は整然とした碁盤の目になっている。現在のユジノサハリンスクも道路区画は当時のままで、私は初めてこの街を歩いたとき、札幌《さっぽろ》に似ていると思った。札幌は私の故郷である。

ふたつの街には、新たな開拓地の中心となる政庁が置かれた計画都市であるという共通点がある。豊原の都市計画は札幌を手本にしたという説があり、実際に「小札幌」と呼ばれていたそうだ。

賢治が訪れた当時の人口は約二万人。その後も発展を続け、太平洋戦争末期の一九四四（昭和十九）年の末には四万八千人を超える人々が暮らしていた。

賢治はこの街に三泊した。豊原駅の近くには商店が建ち並び、林芙美子などの著名人が宿泊したことで知られる花屋ホテルをはじめ、いくつかの旅館があったが、どの宿に泊まったかはわからない。

賢治が樺太をあとにしたのは八月七日のことで、豊原を午後四時二十五分に出発する列車で大泊まで行き（大泊着は午後六時三十分）、午後九時発の稚泊連絡船に乗っている。栄浜から着いた八月四日の夜からこの日まで、賢治は豊原で何をしていたのか。それがわかる資料は残っていない。

ユジノサハリンスクの街を歩きながら、賢治がこの街で訪れた場所を想像してみた。当時の代表的な名所といえばまずは樺太神社、そして王子ヶ池《おうじがいけ》だろう。

樺太神社が建てられたのは一九一一（明治四十四）年。樺太でただ一つの官幣大社《かんぺい》（皇室から供物の奉納を受ける神社のうち特に格式が高いもの）である。豊原駅からまっすぐに東へ延びる、神社通りと呼ばれた大通り（現在のコミュニスト大通り）の突き当たり、鈴谷岳（同チェーホフ山）を背にした場所にあった。現在確認できるのは、石段の跡とコンクリートの宝物庫だけである。

ユジノサハリンスク（豊原）の市街地

王子ヶ池は王子製紙が造った人工池で、周囲は豊原公園と呼ばれた大きな公園になっており、ボート遊びをする人たちでにぎわった。豊原公園がガガーリン公園と名を変えた現在も池は残っていて、その周囲を子供鉄道（中学生が運転手や車掌をつとめる観光鉄道）が走っている。

これらの場所に賢治も足を運んだかもしれない。あるいは市内ではなく、列車に乗って郊外に出かけた可能性もある。北原白秋《きたはらはくしゅう》に林芙美子、それに皇太子時代の昭和天皇も訪れた農事試験場のあった小沼《こぬま》（同ノヴォアレクサンドロフスク）は、当時は豊原から二つ目の駅で、日帰りが可能だった。

きっと行ったに違いないと私が考えるのが、樺太庁博物館である。ここでは鉱物や動植物の標本、民俗学や考古学関係の資料など、樺太で収集された貴重な展示物を見ることができた。いかにも賢治が好きそうなものばかりである。

樺太庁博物館はその後、一九三七（昭和十二）年に神社通りに移転した。城郭の意匠を取り入れた壮麗な建物である。現在はサハリン州立郷土博物館として使用されており、日本時代から引き継がれた展示物もある。

だが、林芙美子がそうだったように、官公庁や軍の施設、官幣大社を擁する〝官製の街〟豊原に、賢治はあまり心をひかれなかったかもしれない。豊原を発《た》つ日、賢治は樺太での最後の詩を書いているが、そこには豊原の名所はもとより、都会の風景は一切書かれていない。

十　すきとおったサガレンの夏

樺太での最後の日

豊原《とよはら》（現在のユジノサハリンスク）で、宮沢賢治は「鈴谷《すずや》平原」という詩を書いている。

こんなうるんで秋の雲のとぶ日
鈴谷平野の荒《す》さんだ山際の焼け跡に
わたくしはこんなにたのしくすわつてゐる
ほんたうにそれらの焼けたとゞまつが
まつすぐに天に立つて加奈太《カナダ》式に風にゆれ
また夢よりもたかくのびた白樺《しらかば》が

青ぞらにわづかの新葉をつけ
三稜玻璃《さんりようはり》にもまれ
（うしろの方はまつ青ですよ
クリスマスツリーに使ひたいやうな
あをいまつ青いとどまつが
いつぱいに生えてゐるのです）
いちめんのやなぎらんの群落が
光ともやの紫いろの花をつけ
遠くから近くからけむつてゐる

（「鈴谷平原」より）


賢治の座っている「鈴谷平野の荒さんだ山際の焼け跡」とは、豊原駅の東側に広がる平地が、鈴谷岳の山裾《やますそ》の丘陵地とぶつかるあたりだと思われる。

「うしろの方はまつ青ですよ」「あをいまつ青いとどまつが／いつぱいに生えてゐるのです」とあるように、このあたりは現在もトドマツをはじめとする針葉樹の林がある。「三稜玻璃」とは、おそらく三稜鏡（プリズム）のことだろう。

続く部分に「こんやはもう標本をいつぱいもつて／わたくしは宗谷《そうや》海峡をわたる／だから風の音が汽車のやうだ」とあり、詩の末尾には「一九二三、八、七」という日付が記されている。

賢治は八月七日の夜の連絡船で樺太《からふと》をあとにしたとされているが、その根拠はこの詩である。

詩にある通りなら、賢治は大泊港《おおどまり》に向けて出発する前に、豊原の郊外に出かけたことになる。「標本をいつぱいもつて」とあるので、このあたりで植物採集をしたのかもしれない。実際に行ってみて気づいたのだが、日本では標高の高い地域にしか自生しない花たちが、緯度の高いサハリンではあちこちに普通に咲いている。

このときまでに、植物だけでなく鉱物の採集をしていたことも考えられる。ワシーリーさんが言っていたように、栄浜《さかえはま》（現在のスタロドゥプスコエ）で琥珀《こはく》拾いをしたかもしれない。いずれにせよ、たくさんの標本を持って帰るという行為からは、切羽詰まった思いで樺太にやって来た賢治が、帰るときにはかなり落ち着いた気持ちになっていたことがわかる。

この「鈴谷平原」は樺太で書かれた最後の詩だが、「わたくしはこんなにたのしくすわつてゐる」と、楽しいという言葉が使われているのが印象的だ（ここに引いたより前の部分には「チモシイの穂が青くたのしくゆれてゐる」という一行もある）。

この詩は、次のように結ばれている。

（こんどは風が
みんなのがやがやしたはなし声にきこえ
うしろの遠い山の下からは
好摩《こうま》の冬の青ぞらから落ちてきたやうな
すきとほつた大きなせきばらひがする

これはサガレンの古くからの誰かだ）　（同前）

好摩とは岩手県の地名である。北上《きたかみ》川が流れ、岩手山をのぞむ土地で、近くには石川啄木《いしかわたくぼく》の故郷である渋民村《しぶたみむら》がある。賢治のよく知る場所だ。

はるばるやって来た遠い樺太の地が、よく知っている岩手と、「すきとほつた大きなせきばらひ」によって結びつく。その咳《せき》払いを、賢治は「サガレンの古くからの誰か」のものだと確信している。

先住民の土地としてのサガレン

樺太に上陸してから賢治が書いた詩は、連作「オホーツク挽歌《ばんか》」の中に、この「鈴谷平原」を含めて三篇《べん》収録されているが、そのすべてに一度ずつ「サガレン」という言葉が出てくる。「オホーツク挽歌」には「サガレンの朝の妖精にやった／透明なわたくしのエネルギー」、「樺太鉄道」には「サガレンの八月のすきとほつた空気」というフレーズがあり、さっき見たように「鈴谷平原」にも「すきとほつた大きなせきばらひがする／これはサガレンの古くからの誰かだ」という部分がある。共通するのは「透明」「すきとほった」というイメージで、こうした表現から、実際にその土地を踏んで体感した「サガレン」が、賢治にとってどのような場所だったかがわかる。

そのサガレンで書かれた詩には、マジカルな存在が登場する。「オホーツク挽歌」の「サガレンの朝の妖精」、そして「鈴谷平原」の「サガレンの古くからの誰か」である。これらはいったいどんな存在なのだろうか。

賢治の頭の中にあったのは、この地に古くから暮らす先住民族やその祖先のことではないかと私は考えている。

サハリンがニブフやウィルタ、アイヌといった先住民族の土地であることを賢治はよく知っていた。『宮沢賢治　北方への志向』を書いた秋枝美保氏をはじめ、賢治文学にアイヌの思想や文化の影響がみられることを指摘する研究者は多い。賢治がアイヌに出会ったのは盛岡《もりおか》中学の五年生だった大正二（一九一三）年で、修学旅行で訪れた北海道・白老《しらおい》でアイヌコタンを見学している。樺太行きの翌年には教師として北海道への修学旅行の引率をしており、そのときも白老に行っている。

また、アイヌ語研究の先駆者で、一九〇七（明治四十）年から樺太に赴いて樺太アイヌ語を採取した金田一京助《きんだいちきょうすけ》ともつながりがあった。金田一の四番目の弟と盛岡中学で同級生だったのだ。一九二一（大正十）年に上京した際には金田一の住まいを訪ねて会っている。金田一は当時すでに、樺太アイヌの山辺安之助《やまべやすのすけ》の口述を筆記した『あいぬ物語』（大正二年）と『北蝦夷《きたえぞ》古謡遺篇』（大正三年）というアイヌ関連の二冊の著書を刊行しており、賢治はこれらを読んでいたと思われる。

賢治には、一九二七（昭和二）年に書かれた「これらは素朴《そぼく》なアイヌ風の木柵《もくさく》であります」

で始まる詩があり、また童話「なめとこ山の熊」には、アイヌの熊送りを思わせる儀式が、人と熊を逆にしたかたちで描かれている。賢治の研究者たちの論文を読むと、ほかにも賢治の作品にはアイヌの思想や習俗が反映されたものや、人名などにアイヌ語を取り入れたものがいくつも見られることがわかる。

ニブフについても一定の知識があったと思われる。樺太への旅のあとに書かれ、栄浜を思わせる海岸が舞台になっている「サガレンと八月」という未完の童話には、「ギリヤークの犬神」が登場する。ギリヤークとはニブフのロシア語風の呼び名である（現在の呼び名であるニブフは自称にもとづくもの）。

賢治が樺太に出かけたのは、日本が北緯五〇度線以北のソ連領に「サガレン州派遣軍」を送っていた時期（尼港《にこう》事件を受けての保障占領期）で、国内でも注目が集まっていた。賢治の樺太行きの三か月ほど前に『岩手日報』にサガレン州派遣軍の特集記事が掲載されたことは以前に書いたが、そこには「ギリヤーク族」が写真入りで紹介されている。

「鈴谷平原」に出てくる「すきとほつた大きなせきばらひ」の主である「サガレンの古くからの誰か」とは、こうした先住民族か、あるいは、かれらが信じている精霊のようなものだったのではないだろうか。

「一千九百二十三年のとし子」

豊原から大泊までの鉄路

賢治が豊原を発《た》ったのは、午後四時二十五分発の列車だったとされる。大泊（現在のコルサコフ）着は午後六時三十分で、その二時間半後の午後九時発の連絡船に乗って宗谷海峡を渡った。

来たときの経路を逆にたどり、稚内《わっかない》から旭川《あさひかわ》、札幌《さっぽろ》をへて函館《はこだて》へ。この間、車中あるいはどこかの町で、二晩を過ごしたと考えられている。

函館に向かう途中、内浦《うちうら》湾（噴火湾）沿いを走ったときに書いた詩が「噴火湾（ノクターン）」で、これが連作「オホーツク挽歌」の最後の作品である。

稚《わか》いゑんどうの澱粉《でんぷん》や緑金が
どこから来てこんなに照らすのか
（車室は軋《きし》みわたくしはつかれて睡《ねむ》つ
　てゐる）
とし子は大きく眼をあいて

烈《はげ》しい薔薇《ばら》いろの火に燃されながら
（あの七月の高い熱……）
鳥が棲《す》み空気の水のやうな林のことを考へてゐた
（かんがへてゐたのか
いまかんがへてゐるのか）

（「噴火湾（ノクターン）」より）

旅が終わりにさしかかっていたこのとき、賢治はトシの姿を見る。このあとの部分に「もう明けがたに遠くない」「噴火湾のこの黎明《れいめい》の水明り」とあり、時刻は夜が明ける前後であることがわかる。「わたくしはつかれて睡つてゐる」とあるので、半睡状態のときか、あるいは夢の中にトシが現れたのかもしれない。

ここに登場するのは、亡くなる前の七月に高熱を出したときのトシ（一一月に死去）だが、「（かんがへてゐたのか／いまかんがへてゐるのか）」とあるように、生前のトシと「いま」のトシ（＝死者となったトシ）が二重写しになっている。

七月末のそのころに
思ひ余つたやうにとし子が言つた
《おらあど死んでもいゝはんて
あの林の中さ行ぐだい

うごいで熱は高ぐなつても
　あの林の中でだらほんとに死んでもいいはんて》
鳥のやうに栗鼠《りす》のやうに
そんなにさはやかな林を恋ひ
（栗鼠の軋《きし》りは水車の夜明け
　大きなくるみの木のしただ）
一千九百二十三年の
とし子はやさしく眼をみひらいて
透明薔薇の身熱から
青い林をかんがへてゐる
（同前）

　ここで賢治が思い返しているトシの言葉は生前のものだが、引用部分の後半の「一千九百二十三年」は、賢治が旅をしている現在の時間である。トシが亡くなったのはその前年の一九二二年。つまり「やさしく眼をみひらいて／透明薔薇の身熱から／青い林をかんがへてゐる」のは、死者であるトシなのだ。ここでも生前のトシと亡くなったあとのトシが、ゆるやかに連続してあらわれてくる。
　すでに別の世界にいるトシを、賢治は、やさしい表情で思索する姿で描いている。旅の前半、樺太の地を踏む前に書かれた「青森挽歌」や「宗谷挽歌」の中で、死後のトシに思いをはせるときにあらわれる悲嘆と怒り、悔恨と怯《おび》えはここでは見られない。

　思えばこのふたつの挽歌は全篇が問いだった。なぜトシは死なねばならなかったのか。それは自分のせいなのか。いまどこにいるのか。なぜ交信がかなわないのか。どうすれば救うことができるのか。それがわからないもどかしさ――。だが樺太への旅の終わりに書かれたこの詩に問いはなく、トシに呼びかけてもいない。死者となって向こう側にいるトシを、ただ静かで穏やかな姿として描いている。

　私が胸を打たれたのは、「一千九百二十三年のとし子」を語るときに「透明」という言葉が使われていることだ。「サガレン」のイメージが、死後のトシのイメージと重なっている。この一致に気づいたとき、樺太で過ごした五日間が賢治に与えたものの大きさと不思議さを思わずにはいられなかった。

「理智」と「さびしさ」

この詩は次のように締めくくられる。

駒ケ岳駒ケ岳
暗い金属の雲をかぶつて立つてゐる
そのまつくらな雲のなかに

とし子がかくされてゐるかもしれない
ああ何べん理智《りち》が教へても
私のさびしさはなほらない
わたくしの感じないちがつた空間に
いままでここにあつた現象がうつる
それはあんまりさびしいことだ
　（そのさびしいものを死といふのだ）
たとへそのちがつたきらびやかな空間で
とし子がしづかにわらはうと
わたくしのかなしみにいぢけた感情は
どうしてもどこかにかくされたとし子をおもふ
（同前）

黎明の駒ケ岳にかかる暗い雲の中にトシがいるかもしれないと思う賢治。しかし、それは自分のさびしさからくるものであることが彼にはわかっている。そこに妹はいないことを「理智」によってすでに知っているのである（思えば「理智」と「さびしさ」は、賢治の文学を読み解くうえでの大切なキーワードだ）。

「わたくしの感じないちがつた空間に／いままでここにあつた現象がうつる」ことが死であり、トシという現象は、すでにその「ちがつた空間」に移っていることを、賢治はこのとき納得していた。

　ここまでに書かれた詩を読むと、賢治は、トシが死出の旅の途中にいるというイメージを持っていたように思える。

「青森挽歌」には、「とし子はみんなが死ぬとなづける／そのやりかたを通つて行き／それからさきどこへ行つたかわからない」、「ほんたうにあいつはここの感官をうしなつたのち／あらたにどんなからだを得／どんな感官をかんじただらう／なんべんこれをかんがへたことか」とあり、「宗谷挽歌」には、「われわれが信じわれわれの行かうとするみちが／もしまちがひであったなら／究竟《くきよう》の幸福にいたらないなら／いままっすぐにやって来て／私にそれを知らせて呉《く》れ。／みんなのほんたうの幸福を求めてなら／私たちはこのまゝこのまっくらな／海に封ぜられても悔いてはいけない。」という部分がある。このときの賢治にとってのトシは、どこへ行くか定まらないまま、中空をさまよっている存在だったことがわかる。

　だが、旅の終わりに書かれた「噴火湾（ノクターン）」では、賢治はトシが別の世界に行ったことを理解している。その上で、「たとへそのちがつたきらびやかな空間で／とし子がしづかにわらはうと／わたくしのかなしみにいぢけた感情は／どうしてもどこかにかくされたとし子をおもふ」と、なかなかそれを受け止められない自分を、ある距離をおいて見ているのである。

『春と修羅』の「序」にある樺太

函館に着いた賢治は、八月一一日朝に青函連絡船で津軽《つがる》海峡を渡り、その日の夜に花巻《はなまき》の家に帰りついた。
翌年の一月二〇日、賢治は有名な『春と修羅』の「序」を書く。それはこんなふうに始まっている。

わたくしといふ現象は
仮定された有機交流電燈の
ひとつの青い照明です
（あらゆる透明な幽霊の複合体）
風景やみんなといつしよに
せはしくせはしく明滅しながら
いかにもたしかにともりつづける
因果交流電燈の
ひとつの青い照明です
（ひかりはたもち　その電燈は失はれ）

これらは二十二箇月の
過去とかんずる方角から

紙と鉱質インクをつらね
（すべてわたくしと明滅し
みんなが同時に感ずるもの）
ここまでたもちつゞけられた
かげとひかりのひとくさりづつ
そのとほりの心象スケッチです
（『春と修羅』「序」より）

賢治の足跡を追うサハリンの旅を終えて東京に帰ってきた私は、この「序」をあらためて読み、青い照明が風景とともに明滅する情景に、「樺太鉄道」を思い出した。一行一行に光が射しているような、あの詩である。

青びかり野はらをよぎる細流
それはツンドラを截《き》り
（光るのは電しんばしらの碍子《がいし》）
夕陽にすかし出されると
その緑金の草の葉に
ごく精巧ないちいちの葉脈
（樺《かば》の微動のうつくしさ）

黒い木柵《もくさく》も設けられて
やなぎらんの光の点綴《てんてい》
（「樺太鉄道」より）

「序」の冒頭で、「わたくしといふ現象」＝「青い照明」が一緒に明滅するのは風景だけではない。賢治は「風景やみんなといつしよに」と書いている。この「みんな」とは、「青森挽歌」にあった「《みんなむかしからのきやうだいなのだから／けつしてひとりをいのつてはいけない》」の「みんな」なのではないか。

「オホーツク挽歌」には、「わたくしがまだとし子のことを考へてゐると／なぜおまへはそんなにひとりばかりの妹を／悼んでゐるかと遠いひとびとの表情が言ひ／またわたくしのなかでいふ」という部分がある。樺太の地で賢治は、妹という特別な「ひとり」への執着から離れてすべての人の幸福を祈り、ともに生きる方向へ踏み出そうとした。サハリンで賢治の足跡を追いかけたあとに読むと、この「序」には、賢治が樺太で過ごした時間が反映されているように思えてならない。

チュンセとポーセの物語

私自身のサハリンの旅が終わったあと、それまで見過ごしていた賢治の作品に出会った。タイトルは「手紙 四」。だがこれは賢治本人がつけたものではない。

賢治の全集には「手紙 一」「手紙 二」「手紙 三」「手紙 四」と題した小品が収録されている。この四篇について、全集ではこう解説されている。

> ここに収めるのはいずれも無題のまま活版印刷され、匿名で郵送されたり、手渡されたり、学校の下駄箱に入れられたりしたといわれるもの。「手紙　一」等の題は慣用による仮題。

手紙という仮題は、「郵送」、「手渡し」、「下駄箱に入れる」という配布方法からつけられたのだろう。一から三までは普通の短篇童話で、中身も手紙の体裁をとっているのは四だけである。

その「手紙 四」は、「わたくしはあるひとから云《い》ひつけられて、この手紙を印刷してあなたがたにおわたしします」という一文から始まる。そして、「どなたか、ポーセがほんたうにどうなつたか、知つてゐるかたはありませんか。チユンセがさつぱりごはんもたべないで毎日考へてばかりゐるのです」と続く。賢治には「双子の星」という童話（トシの死の四年前に書かれている）があり、そこではチュンセとポーセは兄弟だが、この作品ではチュンセは兄、ポーセは妹である。

このあとの部分で、妹のポーセが急に病気になり、死んでしまったことが語られる。その臨終の場面はこうである。

「雨雪とつて来てやろか。」「うん。」ポーセがやつと答へました。チユンセはまるで鉄砲玉《てつぱうだま》のやうにおもてに飛び出しました。おもてはうすくらくてみぞれがびちよびちよ降つてゐました。チユンセは松の木の枝から雨雪を両手にいつぱいとつて来ました。それからポーセの枕《まくら》もとに行って皿にそれを置き、さじでポーセにたべさせました。ポーセはおいしさうに三さじばかり喰《た》べましたら急にぐたつとなつていきをつかなくなりました。おつかさんがおどろいて泣いてポーセの名を呼びながら一生けん命ゆすぶりましたけれども、ポーセの汗でしめつた髪《け》の頭はたゞゆすぶられた通りうごくだけでした。チユンセはげんこを眼にあてて、虎《とら》の子供のやうな声で泣きました。

（「手紙 四」より）

一読してわかる通り、これはトシの死の前後をうたった連作「無声慟哭《どうこく》」（『春と修羅』所収）の中の「永訣《えいけつ》の朝」の場面と同じである。チュンセは賢治であり、死にゆくポーセはトシなのだ。

「ほんとうの幸福」をさがして

ポーセが亡くなった翌年の春、学校をやめて野良で働くようになったチュンセは、土の中から小さな蛙が出てきたのを見て、「かへるなんざ、潰れちまへ」と、大きな石で叩《たた》く。すると昼過ぎのうたたねの夢にポーセが出てきて「兄さんなぜあたいの青いおべべ裂いたの」と言う。

チユンセはびつくりしてはね起きて一生けん命そこらをさがしたり考へたりしてみましたがなんにもわからないのです。どなたかポーセを知つてゐるかたはないでせうか。けれども私にこの手紙を云ひつけたひとが云つてゐました「チユンセはポーセをたづねることはむだだ。なぜならどんなこどもでも、また、はたけではたらいてゐるひとでも、汽車の中で苹果《りんご》をたべてゐるひとでも、また歌ふ鳥や歌はない鳥、青や黒やのあらゆる魚、あらゆるけものも、あらゆる虫も、みんな、みんな、むかしからのおたがひのきやうだいなのだから。チユンセがもしもポーセをほんたうにかあいそうにおもふなら大きな勇気を出してすべてのいきもののほんたうの幸福をさがさなければいけない。それはナムサダルマプフンダリカサスートラといふものである。チユンセがもし勇気のあるほんたうの男の子ならなぜまつしぐらにそれに向つて進まないか。（同前）

全集の注釈に、この作品は「おそらく大正十二年頃配布されたもの」とある。賢治が樺太を旅した年である。さらに、伊藤眞一郎《いとうしんいちろう》氏をはじめとする研究者が、表記のしかたなどから、書かれた時期は樺太旅行の直後だろうと推定している。

これを読んだとき、私はあやうく落涙しそうになった。樺太での賢治が、深い悲しみと迷いの中でトシの行方を探し求め、それを断念した末に行きついたものが凝縮されていると思ったからだ。

『春と修羅』が収録されたちくま文庫の『宮沢賢治全集1』から切り取った、連作「オホーツク挽歌」のページをポケットに入れてサハリンを旅した私には、汽車の中で苹果を食べている人の姿が目に見えるようだし、賢治が樺太で何度も自分に言い聞かせたであろう「みんな、みんな、むかしからのおたがゐのきやうだいなのだから」という言葉も、「ナムサダルマプフンダリカサスートラ」という祈りも、いまでは親しいものだ。

そして、「大きな勇気を出してすべてのいきもののほんたうの幸福をさがさなければいけない」という言葉。これは、「宗谷挽歌」の「みんなのほんたうの幸福を求めてなら/私たちはこのまゝこのまっくらな/海に封ぜられても悔いてはいけない」という部分を思い起こさせ、さらに、このあと書かれることになる『銀河鉄道の夜』の、「僕もうあんな大きな暗《やみ》の中だってこはくない。きっとみんなのほんたうのさいはひをさがしに行く。どこまでもどこまでも僕たち一緒に進んで行かう。」というジョバンニの言葉につながっていく。

賢治が書いた詩だけを頼りに、彼の足跡を追いかけて私はサハリンを旅した。その途中から、賢治は自分の魂の一部をこの島に残していて、深く問いかければきっと答えてくれると思うようになった。そして、旅を終えたいま、以前よりもずっと、賢治を近しい存在に感じている。


〈了〉

あとがき

サハリンで鉄道に乗りたい。できれば廃線跡もたどりたい。そんなシンプルな動機で始まった旅だった。ふだんの取材では、資料探しやインタビュー、各種調査に事実確認と、目的のはっきりした旅が多いが、今回は大まかなルートしか決めずに出発した。この島の複雑な歴史はひとまず横に置いて、移動しながら感じたり考えたりしたことを、そのまま文章にしたいと思ったのだ。

だが樺太《からふと》／サハリンは、歴史のほうから絶えずこちらに語りかけてくる土地である。みずからの歴史から引きはがされた民族がおり、故郷から拒まれてたどり着いた人たちがおり、新天地を求めてやって来た人たちがいた。囚人あるいは兵士として送りこまれ、命を落とした人たちもいれば、宮沢賢治のように、死者にみちびかれるようにしてこの地を踏んだ人もいる。

かれらの声に十分に耳を傾けたとはいえない。列車の揺れは心地よく、目にうつるものはみな面白く、空も海も雪も、工場の廃墟《はいきょ》でさえ、信じられないほど美しかった。旅そのものが与えてくれる幸福が大きすぎたのだ。

本書での二度のサハリン行きのあと、私はまたサハリンに旅をした。日露戦争の戦跡や、現在のサハリンを象徴する石油・天然ガスのコンビナート、また、チェーホフや囚人たちの上陸地であり、日露戦争後に日本軍が拠点を置いたアレクサンドロフスク・サハリンスキーの港も訪れた。この島の吸引力は強く、この先も繰り返し訪ねる予感がしている。この地で生きて死んだ人たちの声を聴くことは、おそらくこれからの私のテーマになるだろう。

樺太／サハリンは、昔からさまざまな名で呼ばれてきた。樺太の語源はアイヌ語、日本語、蒙古《もうこ》語など諸説あり、唐太、空虚太、柄太などの字があてられたこともある。本書のタイトルに使用したサガレンという呼称は、漢字では薩哈嗹と書き、語源は満州語という説と、アイヌ語という説がある（昭和五年刊『樺太の地名』より）。本書のタイトルを「サガレン」としたのは、宮沢賢治がこの地をそう呼んだことからで、賢治には「サガレンと八月」という、栄浜《さかえはま》と思われる海岸を舞台にした未完の童話もある。

本書で記した内容について、いくつか補足しておきたい。

まずは第一部で乗った寝台急行の名称について。それを「サハリン号」と呼ぶ根拠が見つからなかったという話を書いたが（第一章「歴史の地層の上を走る」）、その後、ロシア語のできる知人の協力を得て改めて調べたところ、ロシアの長距離列車には等級があり、最優等のものには列車名がつくことがわかった。シベリア鉄道ならロシア号、オケアン号、バイカル号などがその代表である。

「名称列車」と呼ばれるこれら最優等列車の番号は、001から150と決まっている。私たちがサハリンで乗ったユジノサハリンスク発ノグリキ行きの寝台急行の列車番号は001で、サハリン号という名を正式に付されていることが判明した。

次に、同じく第一部の第一章で書いた、ユジノサハリンスク駅西側の転車台について。三度目のサハリンの旅でガイドをつとめてくれたのは、本書の第二部に登場するワシーリーさんだが、彼によれば、この転車台はすでに撤去されているそうだ。

もうひとつ、第一部の第六章で、ロシアではＬＩＮＥが使えなかったと書いたことについて。前述したように、私が三度目にサハリンを訪れたのは二〇一九年八月のことだが、そのときは使うことができるようになっていた。どうも、そのときどきの当局の判断で、通じたり遮断されたりするようだ。

本書は、『本の旅人』および『小説　野性時代』に「サガレン紀行」として連載した文章がもとになっている。連載時の担当者は「柘植《つげ》青年」こと柘植学《まなぶ》さんで、サハリン行きが実現したのも、行き当たりばったりの旅が楽しいものになったのも、彼のおかげである。毎回、素晴らしいイラストを描いて下さったのは柳智之《やなぎともゆき》さんで、本書の中でも使用させてもらった。

連載を一冊にまとめてくれたのは、近現代史を扱ったノンフィクションを数多く担当してきた岸山征寛《きしやまゆきひろ》さんで、その誠実かつ緻密《ちみつ》な仕事に助けられた。

現地でガイドと通訳をしてくれたエレーナさんとワシーリーさん、ドライバーのアンドレイさんとヴィターリさんにも、この場を借りてお礼を申し上げる。

二〇二〇年三月

梯　久美子

主要参考文献一覧

※編集部注。著者名（外国人名は名前順）の五十音順に掲載している。本文中の引用では原文のルビに加えて、読みやすくなるようにルビを追加している。

秋枝美保『宮沢賢治　北方への志向』朝文社、一九九六年
秋枝美保『宮沢賢治を読む――童話と詩と書簡とメモと』朝文社、二〇一七年
アレクサンデル・ヤンタ＝ポウチンスキ「樺太のポーランド人たち」佐光伸一訳／井上紘一・尾形芳秀注釈『ポーランドのアイヌ研究者　ピウスツキの仕事：白老における記念碑の序幕に寄せて』北海道ポーランド文化協会・北海道大学スラブ研究センター、二〇一三年
アントン・パーヴロヴィチ・チェーホフ『サハリン島』原卓也訳、中央公論新社、二〇〇九年
アントン・パーヴロヴィチ・チェーホフ『サガレン紀行』三宅賢訳、大日本文明協會事務所、一九二五年
アントン・パーヴロヴィチ・チェーホフ『サガレン紀行抄　附・サガレンの思ひ出』太宰俊夫訳、樺太庁、一九三九年
大塚常樹「宮沢賢治の進化論的世界」『お茶の水女子大学人文科学紀要』44、お茶の水女子大学、一九九一年
改造社編『日本地理大系10　北海道・樺太篇』改造社、一九三〇年

樺太廳鐵道事務所編『樺太の鐵道旅行案内』樺太庁鉄道事務所、一九二八年
神沢利子『流れのほとり』福音館文庫、二〇〇三年
菊地明範・山田篤史編著『高校生が見たサハリン・樺太　中央大学杉並高校研修旅行の記録』中央大学出版部、二〇一四年
北原白秋『フレップ・トリップ』岩波文庫、二〇〇七年
草野心平「オホーツク挽歌（その解説）」『「春と修羅」研究I』天沢退二郎編、學藝書林、一九七五年
後藤悠樹『サハリンを忘れない　日本人残留者たちの見果てぬ故郷、永い記憶』DU BOOKS、二〇一八年
小牟田哲彦監修『旧日本領の鉄道　100年の軌跡』講談社、二〇一一年
菅原千恵子『宮沢賢治の青春　〝ただ一人の友〟保阪嘉内をめぐって』角川文庫、一九九七年
高村光太郎、宮沢賢治『日本近代文学大系36　高村光太郎　宮沢賢治集』伊藤信吉解説、飛高隆夫、恩田逸夫注釈、角川書店、一九七一年
「地球の歩き方」編集室『シベリア&シベリア鉄道とサハリン2017〜2018年版』ダイヤモンド・ビッグ社、二〇一六年
津島佑子『ジャッカ・ドフニ　海の記憶の物語』（上下巻）集英社文庫、二〇一八年
徳田耕一『ワールドガイド　サハリン・カムチャツカ』JTBパブリッシング、二〇〇七年
徳田耕一『サハリン　鉄路1000キロを行く』JTB　日本交通公社出版事業局、一九九五年
日本旅行協会編『ツーリスト案内叢書　第一輯　北海道・樺太地方』日本旅行協会、一九三七年
則定隆史「『樺太』の線路　消えゆく名残」『北海道新聞』二〇一七年六月四日付

萩原昌好『宮沢賢治「銀河鉄道」への旅』河出書房新社、二〇〇〇年
林芙美子「樺太への旅」『林芙美子紀行集　下駄で歩いた巴里』立松和平編、岩波文庫、二〇〇三年
平林憲次「サハリンの陸上油田開発から陸棚開発プロジェクトに至る歴史」『石油技術協会誌第75巻　第4号』石油技術協会、二〇一〇年
藤原浩『宮沢賢治とサハリン　「銀河鉄道」の彼方へ』ユーラシア研究所・ブックレット編集委員会編、東洋書店、二〇〇九年
ペーター・ウルバン編『チェーホフの風景』谷川道子訳、文藝春秋、一九九五年
三木理史『国境の植民地・樺太』塙書房、二〇〇六年
M・S・ヴィソーコフ他『サハリンの歴史　サハリンとクリル諸島の先史から現代まで』板橋政樹訳、北海道撮影社、二〇〇〇年
宮沢賢治『宮沢賢治全集1』天沢退二郎、入沢康夫、宮沢清六編、ちくま文庫、一九八六年
宮沢賢治『宮沢賢治全集2』天沢退二郎、入沢康夫、宮沢清六編、ちくま文庫、一九八六年
宮沢賢治『宮沢賢治全集3』天沢退二郎、入沢康夫、宮沢清六編、ちくま文庫、一九八六年
宮沢賢治『宮沢賢治全集6』天沢退二郎、入沢康夫、宮沢清六編、ちくま文庫、一九八六年
宮沢賢治『宮沢賢治全集7』天沢退二郎、入沢康夫、宮沢清六編、ちくま文庫、一九八六年
宮沢賢治『宮沢賢治全集8』天沢退二郎、入沢康夫、宮沢清六編、ちくま文庫、一九八六年
宮沢賢治『宮沢賢治全集9』天沢退二郎、入沢康夫、宮沢清六編、ちくま文庫、一九九五年
宮脇俊三「サハリン鉄道紀行」『宮脇俊三鉄道紀行全集　第5巻　海外紀行Ⅱ』角川書店、一九九九年
村上春樹、吉本由美、都築響一「サハリン大旅行」『東京するめクラブ 地球のはぐれ方』

文春文庫、二〇〇八年
山根知子「宮澤賢治に影響を与えた妹トシの信仰 「絶対者」を求めて」『ノートルダム清心女子大学紀要』第四十巻第一号、ノートルダム清心女子大学、二〇一六年本書は「本の旅人」（二〇一八年七月号～二〇一九年七月号）と「小説野性時代」（二〇一九年八～一二月号）に連載された「サガレン紀行」を加筆修正したものです。

本文中に登場する方々の肩書き・年齢は、いずれも取材時のものです。

梯 久美子（かけはし　くみこ）
ノンフィクション作家。1961（昭和36）年熊本県生まれ。北海道大学文学部卒業後、編集者を経て文筆業に。『散るぞ悲しき　硫黄島総指揮官・栗林忠道』（新潮社、のち新潮文庫）で2006（平成18）年に大宅壮一ノンフィクション賞を受賞。同書は米・英・仏・伊など世界８カ国で翻訳出版されている。16（平成28）年に刊行された『狂うひと「死の棘」の妻・島尾ミホ』（新潮社、のち新潮文庫）は翌年、読売文学賞、芸術選奨文部科学大臣賞、講談社ノンフィクション賞の３賞を受賞した。他の著書に『原民喜　死と愛と孤独の肖像』（岩波新書）、『廃線紀行　もうひとつの鉄道旅』（中公新書）、『昭和二十年夏、僕は兵士だった』（角川文庫）など多数。

サガレン　樺太《からふと》／サハリン　境界《きょうかい》を旅《たび》する

2020年４月24日　初版発行

著者／梯《かけはし》 久《く》美《み》子《こ》

発行者／郡司 聡

発行／株式会社KADOKAWA
〒102-8177　東京都千代田区富士見2-13-3
電話　0570-002-301(ナビダイヤル)

印刷・製本／大日本印刷株式会社

ISBN 978-4-04-107632-3　C0095
JASRAC 出 2002643-001